栗民智 ◎ 著

INTERNATIONAL FUTURES

国际期货

操盘盈利核心密码

交易系统+小赔+小赚+大赚+绝不大赔+心态+运气＝稳定盈利

从理论到实战的
职业化期货投资进阶指南

★ 国际期货知识　　★ 交易理念养成

★ 交易系统构建　　★ 交易策略讲解

SPM
南方出版传媒
广东人民出版社

· 广州 ·

图书在版编目（CIP）数据

国际期货操盘盈利核心密码/栗民智著.—广州：广东人民出版社，
2019.2

ISBN 978 - 7 - 218 - 13289 - 1

Ⅰ.①国… Ⅱ.①栗… Ⅲ.①期货交易—基本知识 Ⅳ.①F830.93

中国版本图书馆 CIP 数据核字（2018）第 285455 号

GUOJI QIHUO CAOPAN YINGLI HEXIN MIMA

国际期货操盘盈利核心密码

栗民智 著

出 版 人：肖风华

责任编辑：赵世平
封面设计：张建民
责任技编：周 杰

出版发行：广东人民出版社
地 址：广州市大沙头四马路 10 号（邮政编码：510102）
电 话：(020) 83798714（总编室）
传 真：(020) 83780199
网 址：http：//www.gdpph.com
印 刷：佛山市迎高彩印有限公司
开 本：787mm×1092mm 1/16
印 张：13.75 字 数：170 千
版 次：2019 年 2 月第 1 版 2019 年 2 月第 1 次印刷
定 价：45.00 元

如发现印装质量问题，影响阅读，请与出版社（020 - 83795749）联系调换。
售书热线：(020) 83795240

国际期货的盈利之道是什么?

国际期货的操盘密码是什么?

稳定盈利的秘诀是什么?

怎样努力才能通向期货的稳定盈利?

这些都是每一个国际期货交易者努力追求的方向。为了追求这些目标,有多少交易者,倒在追求的路上,直到最后都没弄明白国际期货稳定盈利的秘诀是什么。本书将给苦苦寻求答案的朋友们一个清楚、明白的答案,以此来实现稳定盈利。

国际期货稳定盈利的秘诀 = 交易系统 + 小赔 + 小赚 + 大赚 + 绝不大赔 + 心态 + 运气。

本书将从交易理念、交易系统、交易策略(入场、止损、持仓、加仓、止盈、盈亏比、仓位、周期、执行、等待),以及交易心态、运气等方面,详细阐述在期货交易中如何实现稳定盈利。首先,在交易理念及交易系统的指导下,明确入场信号,严格止损,做到小赔。其次,在盈利时做好盈利保护,市场没有机会的情况下做到小赚。最后，当你的仓位没有被止损时，应大胆持有仓位，让利润奔跑，实现大赚。符合加仓条件时果断加仓，让利润最大化。

在每一次交易中，绝不因为自己的主观情绪，放松止损的要求，从而让自己大赔。相反，要严控大赔，作为每一次交易的首要任务。只有这样你才永远不会大赔。

有了好的交易方法和交易策略，只是稳定盈利的第一步，**培养自己良好的交易心态及交易信念，才是最终稳定盈利的保证。**再加上一点运气，你的资金就会轻松翻倍。

为了更全面理解期货交易，本书第二十一讲至第二十三讲，介绍了三种交易系统的实战应用。

本书是我对自身多年期货交易精髓的总结，也是期货交易盈利密码的一次大公开，希望对那些还在寻找期货稳定盈利秘诀的投资者，有一点启发或借鉴意义，使其尽量少走弯路，尽快找到适合自己稳定盈利的秘诀。

希望大家看完本书之后能明白：不管你用什么样的方法，要想实现稳定盈利，必须做到小赔＋小赚＋大赚＋绝不大赔，因为这是期货市场赚钱的唯一公式及定律。

如果本书的理念及方法，能对你的投资及学习有所帮助，想进一步学习或者想开外盘期货账户的投资者，都可以与我联系。我本人提供一对一的期货培训辅导，协助你构建稳定盈利的交易系统及交易策略。希望在共同交流中，我们共同实现进步，共同成长。

工作 QQ：1035197243

工作微信：13532871023

本书学习视频：https：// m. qlchat. com/live/channel/channelPage/2000003287216376. htm

本书配套视频，请用微信扫码

栗民智

2018 年 11 月

目录
CONTENTS

第 一 讲　国际期货概述

一、期货的基本概念

所谓期货，一般指期货合约，就是指由期货交易所统一制定的、规定在将来某一特定的时间和地点交割一定数量标的物的标准化合约。这个标的物，又叫基础资产，是期货合约所对应的现货，可以是某种商品，如铜或原油，也可以是某个金融产品，如外汇、债券，还可以是某个金融指标，如三个月同业拆借利率或股票指数。

二、期货的分类

表 1 -1　期货的分类

期货	商品期货	农产品期货
		金属期货（基础金属期货、贵金属期货）
		能源期货
	金融期货	外汇期货
		利率期货（中长期债券期货、短期利率期货）
		股指期货

三、期货市场的起源与发展

期货交易是人类贸易史发展的结果（物物交换→钱物交易→现货远期交易→期货交易），它作为一种交易方式或机制，是随商业活动不断发展而产生的。

为了促进商业活动发展，人类探索新的交易方式一直没有中断过。最初人类商业交易方式为物物交换，真正的现货交易从货币作为商品支付手段开始。自从有了货币为支付手段的现货交易，商业成为一种独立活动得到更大发展，商品交易范围进一步扩大，交易规模也越来越大。一些文明古国如希腊、罗马等出现了大规模的商品交易场所，当时的罗马议会广场就是大宗商品中心交易场所。到 12 世纪之后，这种集中交易场所在英、法等国得到规模化和专业化发展，并催生了新的交易方式——远期合同交易。1251 年英国允许外国商人参与该国季节性交易会，后来交易要求对途中货物提前签署文件，列明商品品种、数量、价格、预交保证金等内容，在此基础上出现了买卖文件合同现象。1571 年英国成立世界第一家集中交易的商品市场——伦敦皇家交易所，其后荷兰阿姆斯特丹也成立第一家谷物交易所。17 世纪在荷兰阿姆斯特丹还出现郁金香期权交易市场，18 世纪法国巴黎出现了商品交易所。在东方，具有期货萌芽性质的交易方式也曾出现过。17 世纪日本大阪成立大米交易所，出现过把稻谷交换来的米券进行买卖的投机现象，当时的米券价值具有随稻谷价格起落变化的功能。1730 年这种交易方式得到政府认可，正名为"账面结算米"交易。在中国宋朝也出现过"青苗"交易方式。

1848 年芝加哥期货交易所（CBOT）问世。19 世纪 30、40 年代，因毗邻美国中西部平原和密歇根湖等独特的地理位置，芝加哥发展为美国重要的粮食集散地。由于交通状况不佳、库容有限等原因，每年谷物大量上市，商人无法大量采购，以致于谷物价格一跌再跌，而每到春季，又因谷物短缺，价格飞涨。为了解决价格大幅起落带来的经营风险问题，一些商人一方面在该地交通要道增设仓库，扩大上市季节采购量，另一方面与粮食加工商、销售商签订第二年春季供货合同，这样通过联接产销，确定了利润。远期合同交易成为粮食商解决现实矛盾的重要方式。

为了使交易活动有效地展开，1848年82位商人自发成立了一个商会组织——芝加哥期货交易所。交易所发展初期主要任务是提供一些运输、储存及价格信息方面服务，以方便会员交易，到1851年才提供交易产品远期合同交易。在远期合同交易过程中出现了一些问题，比如具体的交易内容包括商品品质、等级、价格、数量、交货时间等，当双方情况或价格发生变化时，很难将合同转手卖给其他人，而且能否执行合同要视对方信誉，因而确保执行合同的成本较大，执行风险较大。为解决这些问题，1865年芝加哥期货交易所推出标准化合约为交易产品，并执行保证金制度，向签约双方收取不超过合约价值10%的保证金，作为履约保证。1882年芝加哥期货交易所允许对冲解除履约。1883年出现结算协会为交易所会员提供对冲工具。1925年芝加哥期货交易所结算公司成立，所有交易通过结算公司结算。至此，期货交易完成了重要的制度创新，标志着现代意义上的期货交易真正诞生了。

因此，现代期货交易的产生与发展，是商品经济发展的必然结果，是社会生产力发展和生产社会化的内在要求。

目前国际上期货市场是和股票市场、外汇市场并存的三大金融交易体系，拥有众多的参与者。主要的有色金属厂矿、中东主要原油产国都通过期货市场进行保值，美国的银行更规定农民只有在期货市场做了农产品保值后才能向银行贷款。

目前期货市场主要交易种类有利率期货、外汇期货、股票价格指数期货、商品期货（包括农产品期货、金融期货、能源期货），它为现货商提供了保值和购货的场所，回避价格风险，同时又为投资者提供了一个投资获利的渠道。

四、衍生工具

衍生产品的原意是派生物、衍生物的意思。金融衍生产品通常是指从原生资产（Underlying Assets）派生出来的金融工具。由于许多金融衍生产品交易在资产负债表上没有相应科目，因而也被称为"资产负债表外交易（简称表外交易）"。金融衍生产品的共同特征是保证金交易，即只要支付一定比例的保证金就可进行全额交易，不需实际上的本金转移，合约的了结一般也采用现金差价结算的方式进行，只有在满期日以实物交割方式履约的合约才需要买方交足货款。因此，金融衍生产品交易具有杠杆效应。

保证金越低，杠杆效应越大，风险也就越大。国际上金融衍生产品种类繁多，活跃的金融创新活动接连不断地推出新的衍生产品。金融衍生产品主要有以下几种分类方法。

1. 根据产品形态分类

根据产品形态，金融衍生产品可以分为远期、期货、期权和掉期四大类。

远期合约和期货合约都是交易双方约定在未来某一特定时间、以某一特定价格买卖某一特定数量和质量资产的交易形式。期货合约是期货交易所制定的标准化合约，对合约到期日及其买卖的资产的种类、数量、质量做出了统一规定。远期合约是根据买卖双方的特殊需求由买卖双方自行签订的合约。因此，期货交易流动性较高，远期交易流动性较低。

掉期合约是一种为交易双方签订的在未来某一时期相互交换某种资产的合约。更为准确地说，掉期合约是当事人之间签订的在未来某一期间内相互交换他们认为具有相等经济价值的现金流（Cash Flow）的合约。较为常见的是利率掉期合约和货币掉期合约。掉期合约中规定的交换货币是同种货币，则为利率掉期；是异种货币，则为货币掉期。

期权交易是买卖权利的交易。期权合约规定了在某一特定时间、以某一特定价格买卖某一特定种类、数量、质量原生资产的权利。期权合同有在交易所上市的标准化合同，也有在柜台交易的非标准化合同。

2. 根据原生资产分类

根据原生资产，金融衍生产品可以分为股票、利率、汇率和商品。如果再加以细分，股票类中又包括具体的股票和由股票组合形成的股票指数；利率类中又可分为以短期存款利率为代表的短期利率和以长期债券利率为代表的长期利率；货币类中包括各种不同币种之间的比值；商品类中包括各类大宗实物商品。

3. 根据交易方法分类

根据交易方法，金融衍生产品可分为场内交易和场外交易。

场内交易，又称交易所交易，指所有的供求方集中在交易所进行竞价交易的交易方式。这种交易方式具有交易所向交易参与者收取保证金，同时负责进行清算和承担履约担保责任的特点。此外，由于每个投资者都有不同的需求，交易所事先设计出标准化的金融合同，由投资者选择与自身需求最接近的合同和数量进行交易。所有的交易者集中在一个场所进行交易，这就增加了交易的密度，一般可以形成流动性较高的市场。期货交易和部分标准化期权合同交易都属于这种交易方式。

　　场外交易，又称柜台交易，指交易双方直接成为交易对手的交易方式。这种交易方式有许多形态，可以根据每个使用者的不同需求设计出不同内容的产品。同时，为了满足客户的具体要求，出售衍生产品的金融机构需要有高超的金融技术和风险管理能力。场外交易不断产生金融创新。但是，由于每个交易的清算是由交易双方共同负责进行的，交易参与者仅限于信用程度高的客户。掉期交易和远期交易是具有代表性的柜台交易的衍生产品。

期货警句

股市不会为你的皮大衣付钱。

　　据统计，在金融衍生产品的持仓量中，按交易形态分类，远期交易的持仓量最大，占整体持仓量的42%，以下依次是掉期交易（27%）、期货交易（18%）和期权交易（13%）。按交易对象分类，以利率掉期、利率远期交易等为代表的有关利率的金融衍生产品交易量占市场份额最大，为62%，以下依次是货币衍生产品（37%）和股票、商品衍生产品（1%）。1989年至1995年的6年间，金融衍生产品市场规模扩大了5.7倍。各种交易形态和各种交易对象之间的差距并不大，整体上呈高速扩大的趋势。

五、交易所介绍

　　LME（伦敦金属交易所）

COMEX（纽约商品交易所）

NYMEX（纽约商业交易所）

CBOT（芝加哥期货交易所）

CME（芝加哥商业交易所）

LIFFE（伦敦国际金融期货交易所）

SIMEX（新加坡国际金融交易所）

EUREX（欧洲期货交易所）

其中 COMEX（也简称 CMX）交易的软商品、金属、能源期货对世界价格影响大。Nymex（纽约能源金属）和 Nybot（纽约软性商品）合并为 COMEX 了。

CME 交易的利率、外汇、指数、农产品期货影响较大，CBOT（芝加哥农产品）、CBOE（芝加哥期权）、IMM（芝加哥利率外汇）、GLOBEX 也合并于 CME，成为 CME 集团的一部分。

六、电子盘交易

电子自动搓和交易，目前世界上最著名的就是芝加哥商业交易所的 Globex 电子交易平台。

CME Globex 是世界上第一个期货电子交易系统，也是目前全球最快的期货期权电子交易系统。Globex 并不是一个电子交易的前端软件，而是庞大复杂的期货期权中央电子撮合引擎。Globex 于 1987 年由 CME 启动设计，并于 1992 年全面投入使用，自此带领全球期货业进入电子交易的全新纪元。

CME Globex 以其领先的性能、高可靠性、安全性以及广泛的市场覆盖成为全球最主要的衍生品交易市场：

1. 高速的交易处理

目前，Globex 每月处理超过 60 亿笔交易，交易指令的平均往返时间（RTT）约为 3 毫秒，交易指令在 Globex 四道防火墙之内的延时中位数为 52 微秒。

2. 覆盖全球的市场连接

CME Globex 提供一周 6 天、24 小时全天候无间断市场交易。投资者可以从超过 150 个国家和地区通过芝商所全球布局的 10 个数据中心接入 CME Globex，并可通过 CME Globex 平台交易芝商所合作伙伴交易所的产品，例如迪拜商品交易所的阿曼原油期货、马来西亚衍生品交易所的毛棕榈油期货等。

3. 广泛的产品类别

CME Globex 电子平台上提供数以千计的不同到期日的期货期权以及产品间套利合约。其产品类别覆盖广泛，包括农产品、金属、能源、利率、股指、外汇以及房地产和天气期货与期权。目前，芝商所超过 90% 的期货合约都可以在 Globex 平台上进行电子交易撮合。

同时，CME Globex 为用户提供以下服务：

（1）开放式的系统构架允许客户进行交易系统的自主开发和接入。

（2）快速接入获取实时市场数据信息。

（3）为绝大多数产品提供 10 个市场深度的期货报价和 3 个市场深度的期权报价。

（4）一系列免费的风险管理工具和功能。

（5）基于芝商所与合作交易所的订单路由协议，客户可通过 Globex

直接获取 BM&FBOVESPA（巴西证券期货交易所）和 MexDer（墨西哥交易所）的产品市场数据并交易这些产品。

（6）通过 CME Globex 可直接交易 DME（迪拜商品交易所）、BMD（马来西亚衍生品交易所）、KRX（韩国交易所）、MGEX（明尼纳波理谷物交易所）等合作交易所的部分或全部产品（请参见芝加哥商业交易所全球合作伙伴）。

自 Globex 推出以来，Globex 的受欢迎程度即以惊人速度上升。目前，平均每日约有 150 万份合约通过电子方式进行交易。2004 年 3 月，Globex 交易量占芝加哥商业交易所当月成交量的 51%。2006 年，CME 和 CBOT 的总成交量超过 22 亿张合约，总成交额超过 1000 万亿美元，其中 3/4 的交易通过电子交易完成。同时 CME 收购 CBOT，和 NYMEX 合作后，大量的产品已经采用 Globex 电子交易平台交易。

对于散户交易者来说，进入电子交易平台时代，即可通过自己专有的交易系统或者由期货经纪商、独立软件开发商等提供的系统与其相接。无论身在何地，都可运用互联网进行交易。

七、合约规则及保证金

1. 合约规则

我们在进行国际期货交易时，主要是交易美原油、美黄金、美白银、美天燃气、美精铜、小道指、小纳指和小标普等。在选择合约时，要选择主力合约，就是成交量和持仓量最大的合约，要关注合约的大小、最小的波动及保证金大小等，下面就以美原油为例给大家说明一下：

表 1-2　美原油期货合约

交易品种	美原油
交易单位	1000 美式桶（42000 美式加仑）
报价单位	美元及美分每桶
最小变动价位	0.01 美元每桶
涨跌停板幅度	见《每日价格限制》
合约交割月份	1—12 月
交易时间	北京时间 7:00—次日 6:00（夏令时 6:00—次日 5:00） 当地时间 18:00—次日 17:00
最后交易日	如果交割月份前一个月的 25 日是工作日，则该日之前倒数第三个交易日是最后交易日
最后交割日	所有交割应当在整个交割月即当月的第一天至最后一天，均匀安排
交割方式	CL
上市交易所	纽约商品交易所
最后交易日补充	如果交割月份前一个月的 25 日不是工作日，那么 25 日前倒数第四个交易日是最后交易日

上表是美原油的 05 合约，交易单位是 1000 桶，最小波动是 0.01 美分，也就说每波动一个单位，就是 10 美，比如你在 60.00 美元，买多一手美原油，如果涨上 1 美元，你的盈利就是 1000 美元。每天的交易时间是从周一的早上 07:00 到次日早上 06:00，交易 23 小时，每个月要换约一次，交割一次。因此，大家一定要注意换约时间，及时换约，如果合约到期不换约，交易所就要强制平仓。

2. 交易保证金

国际期货保证金比例一般要比国内小，维持在 5% ~ 10% 之间，大概是 10 ~ 20 倍的杠杆，所以杠杆也稍大，保证金比例是浮动的，所以具体数值也是浮动变化的，国际期货波动比国内小，但一点就是 10 美元左右。在交易时一定要注意保证金的变化，如果出现盈亏，保证金不足，就会造成爆仓，交易所就会强制平仓。因此，期货交易一定要轻仓操作。

表 1 - 3　国际期货合约交易规则

产品名称	代码	合约大小	手续费	最小波动	交易保证金	强平保证金	隔夜保证金/手	隔周保证金/手	交易时间
原油	CL	1000 桶		0.01 = 10 美元	300 美元	200 美元	180 美元	2000 美元	07:00 - 06:00（冬令时)5:30 强平
小原油	QM	500 桶		0.025 = 12.50 美元	300 美元	200 美元	1800 美元	2000 美元	07:00 - 06:00（冬令时)5:30 强平
布伦特原油	BZ	1000 桶		0.01 = 10 美元	300 美元	200 美元	1800 美元	2000 美元	07:00 - 06:00（冬令时)5:30 强平
天然气	NG	10000 百万英国热里	50 美元	0.001 = 10 美元	300 美元	200 美元	1800 美元	2000 美元	07:00 - 06:00（冬令时)5:30 强平
美黄金	GC	100 金衡盎司		0.1 = 10 美元	450 美元	200 美元	1800 美元	3000 美元	07:00 - 06:00（冬令时)5:30 强平
美白银	SI	5000 金衡盎司		0.005 = 25 美元	300 美元	200 美元	1800 美元	2000 美元	07:00 - 06:00（冬令时)5:30 强平
美精铜	HG	25000 磅		0.0005 = 12.5 美元	300 美元	200 美元	1800 美元	2000 美元	07:00 - 06:00（冬令时)5:30 强平
恒指	HSI	50 港币	300 港币	1 点 = 50 港币	450 美元	300 美元	不能隔夜	不能隔周	09:15 - 12:00 和 13:00 - 16:30
小德指	DXM	5 欧元	50 欧元	0.1 = 5 欧元	900 美元	600 美元	不能隔夜	不能隔周	15:00 - 05:00 强平 4:50
德指	FDAX	25 欧元		0.5 点 = 12.5 欧元	900 美元	600 美元	不能隔夜	不能隔周	
小标普	ES	50 美元	50 美元	0.25 点 = 12.5 美元	450 美元	300 美元	1800 美元	3000 美元	07:00 - 06:00（冬令时)5:30 强平
小纳指	NQ	20 美元		0.25 点 = 5 美元	450 美元	300 美元	1800 美元	3000 美元	07:00 - 06:00（冬令时)5:30 强平
小恒指	MHI	10 港币	150 港币	1 点 = 10 港币	300 美元	200 美元	不能隔夜	不能隔周	09:15 - 12:00 和 13:00 - 16:30
小 H 股	MCH	10 港币	300 港币	1 点 = 10 港币	300 美元	200 美元	不能隔夜	不能隔周	09:15 - 12:00 和 13:00 - 16:30
欧元	6E	125000 欧元		0.00005 = 6.25 美元	300 美元	200 美元	1800 美元	2000 美元	07:00 - 06:00（冬令时)5:30 强平
澳元	6A	100000 澳元		0.0001 = 10 美元	300 美元	200 美元	1800 美元	2000 美元	07:00 - 06:00（冬令时)5:30 强平
英镑	6B	62500 英镑		0.0001 = 6.25 美元	300 美元	200 美元	1800 美元	2000 美元	07:00 - 06:00（冬令时)5:30 强平
加元	6C	100000 加元		0.0001 = 10 美元	300 美元	200 美元	1800 美元	2000 美元	07:00 - 06:00（冬令时)5:30 强平
日元	6J	12500000 日元		0.000005 = 6.25 美元	450 美元	300 美元	1800 美元	3000 美元	07:00 - 06:00（冬令时)5:30 强平
玉米	ZC	5000 蒲式耳	50 美元	0.25cent = 12.5 美元	300 美元	200 美元	1800 美元	2000 美元	9:00 开市；21:45 - 22:30 交易暂停 03:20 收市 03:10 强平
豆油	ZL	60000 磅		0.01cent = 6 美元	300 美元	200 美元	1800 美元	2000 美元	9:00 开市；21:45 - 22:30 交易暂停 03:20 收市 03:10 强平
豆柏	ZM	100 美吨		10cent = 10 美元	300 美元	200 美元	1800 美元	2000 美元	9:00 开市；21:45 - 22:30 交易暂停 03:20 收市 03:10 强平
大豆	ZS	5000 蒲式耳		0.25cent = 12.5 美元	300 美元	200 美元	1800 美元	2000 美元	9:00 开市；21:45 - 22:30 交易暂停 03:20 收市 03:10 强平

表 1 - 3 是一家国际期货公司的国际期货合约交易规则表，以原油为例，如果交易 1 手，日内交易需要 300 美元保证金，如果可用保证金低于 200 美元，就会强平，如果你持仓过夜要 1800 美元，如果长期持有则需要 2000 美元。

如果要进行相关投资，就要熟知每一个国际交易产品的交易规则，至于保证金，不同公司的保证金和手续费是不一样。

八、与国内期货及现货相比的优势

在交易机制上，国际期货及现货与国内期货及现货是相差无几的，比如都能做空做多、T + 0 交易，不同在于国际期货及现货：

（1）品种齐全、覆盖面广：包含外汇期货、贵金属期货、各类迷你合约、期权等，补充内盘品种空缺；

（2）交易时间连续：全球 24 小时滚动，交易时间长，可弥补内地期货盘节假日、休市时带来的大幅跳空风险；

（3）规律性优于国内期货：境外各大交易所价格权威，时间、走势连续，交易机制更成熟可靠；

（4）杠杆比例高：保证金比例为 5% ~ 10% 左右，保证金便宜；

（5）满足客户多元化投资需求：金融期货（如股指期货）入市门槛较低，可进行纯投机、套利、套保等交易，品种丰富，能提供套利、套保优质平台；

（6）手续费低，无税费、无点差、无隔夜利息。

九、开户及出入金

随着我国金融业的不断开放，想做国际期货，已不用去香港开户，国内有一些大的期货公司已开始做国际期货业务，通过第三方支付平台，进行出入金，安全可靠，方便快捷。

在选择做国际期货时，一定要注意选择大的正规国际期货公司，确保自己的资金安全。

1. 国际期货开户

开户条件

（1）年龄在 18～70 周岁。

（2）有效的身份证证件。

（3）具有一定的期货投资知识及技术。

（4）具有一定的心理、风险承受能力。

开户流程

国内进行国际期货交易主要的流程：

（1）进行风险测评，了解期货投资风险。

（2）通过测评后，在网上注册上传个人身份证、银行卡等相关资料。

（3）注册成功后，通过经纪人或代理进行开户审核。

（4）审核通过后，开户成功。

（5）进行模拟练习，了解期货的交易规则。

（6）小资金、轻仓进行实盘操作。

温馨提示

国际期货投资风险巨大，不要借钱重仓操作。

2. 出入金

目前在国内开户的国际期货交易，出入金都是通过第三方支付平台进行的。

在出入金时，第三方支付平台会收取一定的手续费，主要的出入金流程是这样的：

（1）开户完成之后，用自己的期货交易账号，登录网上出入金系统。

（2）出入金系统会根据美元与人民币的汇率自动换算成美元或人民币。

（3）在确定出入金金额后，如果是入金，选择国内支付银行，通过网银 U 盾进行转账操作，入金完成之后，钱会即时转到你的国际期货交易账号。

（4）如果是出金，只能在交易时间出金，一般当天就会到你开户时捆绑的银行账户上。

温馨提示

国际期货投资风险大，一定要注意资金安全，要选择正规的国际期货平台。

十、国际期货行情及交易

目前国内期货交易主要使用的行情交易软件是文华财经和信管家，

想学习国际期货交易的，可以到文华财经或信管家的官网下载软件，进行模拟学习。

文华财经是国内期货交易的主要软件，国内90%的期货公司都在使用。特别是文华财经的云止损、云止盈功能，在国际期货交易中，只有文华财经能做到。它的云条件单，永久有效，不用天天设止损，而信管家的止损，只有当天有效。大家可以根据自己的要求，选择适合自己的行情交易软件。

（1）文华财经的行情交易软件网址：http://wh6.wenhua.com.cn/

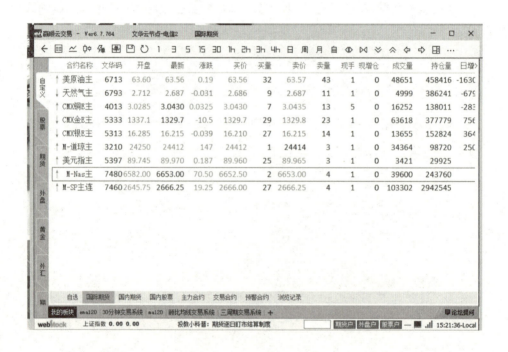

（2）文华财经的国际期货模拟注册网址：http://sim.wenhua.com.cn/form.asp

大家可以根据以上的两个链接，下载安装软件，去注册国际期货的模拟账号，学习文华财经交易软件的使用方法。

本讲投资建议

◆ 熟悉国际期货的发展史。

◆ 了解目前在国际市场上一些大的期货交易所。

◆ 会选择期货合约、标的，了解合约规则。

◆ 明白期货保证金及盈亏的计算。

◆ 熟练使用文华财经行情及交易软件。

◆ 熟悉开户流程及模拟账号的注册方法。

交易感悟

在一般生活中，害怕失败经常是成功的动力，可是，在交易领域里，情况可能刚好相反。反映在交易过程中，这是一种害怕的情绪。

——自律的交易者

第 二 讲 期货交易理念

"思想决定行为，行为决定习惯，习惯决定性格，性格决定命运"，这句话说明，如果你想要取得成功，必须有好的思想、行为、习惯和性格。

在期货交易中，如果你想在这个市场中生存，实现稳定盈利，必须有好的交易理念、好的交易习惯和好的交易系统。

如果没有交易理念及交易策略，任何交易都是没有规则的交易，最终都有可能让你倾家荡产、一无所有。

因此，在这个市场中90%的投资者赔钱，就是因为没有交易理念，没有交易系统，没有交易方法，进行的是无序、重仓、逆势不止损的交易操作。**所以，在交易之前，你必须有自己的交易理念及交易策略。否则，你不可以交易。**

现在给大家分享我的交易理念：交易系统＋小赔＋小赚＋大赚＋绝不大赔＋心态＋运气＝稳定盈利

想在期货市场稳定盈利，你必须构建自己的交易系统，清晰定义自己的进出场标准、止损止赢标准、仓位管理标准，然后根据自己的交易系统，在符合自己入场标准时，大胆、果断地建仓。如果价格没有向交易系统预期的方向运行，出现了亏损，就一定要严格按自己的止损标准果断止损，做到小赔。如果价格向交易系统预期的方向运行，出现盈利，一定要做好盈利保护，实现小赚或大赚。切记在任何一次交易中都不允许自己出现大赔，加上好的心态和运气，最终一定可以实现稳定盈利。

+交易系统

把交易系统放在交易理念的首位，是因为在期货交易中它是最重要的。如果没有交易系统，你最好不要去交易。对于没有规则无序的交易，最终一定是血本无归，就像没有考到驾照就去开车，很可能会是车毁人亡。

所以，做期货交易首先要做的就是制定自己的交易规则，让遵守交易规则成为自己的交易习惯。

+小赔

在期货交易中，能赚多少你是没有办法确定的，但你能确定的是你能赔多少。只有在每一次交易中始终做到小赔，你才有资本在这个市场继续生存下去。否则，有一次大赔或爆仓，你想再回本就比登天还难。

只有严格止损，你才可以小赔，什么是小赔？小赔就是自己每一次交易中能承受的损失。不同的人承受的损失不一样，资金的大小也不一样，承受的损失也不一样。一般来说，每一次的小赔不超过自己本金的 1%~2%，我认为就是小赔。

期货交易，不要想能赚多少，先从小赔开始。

+小赚

在按照自己的开仓标准建仓之后，价格向预期的方向运行，出现了一定的浮盈，这时可以做盈利保护，一旦出现止盈信号，立刻止盈盈利

期货警句

要成为成功的交易者，必须善于承认错误。在投资交易中，只有那些易于接受自己犯错误的事实的人，才能成为获胜者。

期货警句

时刻对风险保持警惕。

在投资交易中，你无法掩盖你的过失。如果把过失怪罪于外部因素，就永远不会从错误中吸取教训。

单子。或者触碰到你的盈利保护止盈，结果没有出现大幅盈利，只是保本或者小赚了一点点，这就是小赚。

小赚不是我们自己能决定的，是由市场决定的，小赚总比赔钱强，盈利的单子不能赔钱出局，有4%左右的盈利一定要做好盈利保护。

大家不要小看小赚，小赚堆积起来也是大赚。

+大赚

大赚是每一个交易者在期货交易中所追求的，只有做到大赚，才能把小赔的钱给补回来，并且实现盈利。

但是在实际的交易中，真正大赚的机会并不多。因为市场大部分时间都是在振荡当中，真正的单边行情并不多。所以，当单边行情来临的时候，一定要持有你的仓位，让利润去奔跑，直到止盈信号的出现。

要想在期货市场盈利，你必须有几次大赚，如果你的交易中没有出现过大赚，你一定是赔钱的。

你想赚钱吗？在单边趋势中，请持有你的仓位，让利润奔跑吧！

+绝不大赔

凡是在这个市场中不赚钱的人，你问他为什么没有赚钱，他们都会说因为大赔了几次或爆仓了几次。

逆势、重仓、不止损，是大赔的根源。初来这个市场的交易者，喜欢设止损，喜欢重仓操作，又喜欢抄底、摸顶的逆势操作，结果只能是大赔或者爆仓。

如何做到不大赔？要做到以下几点：

（1）轻仓（底仓）：仓位占保证金的10%左右。

（2）严格止损：建仓之后必须设置止损，止损金额（占本金的1%～2%）。

（3）顺势：多的趋势不做空，空的趋势不做多。

（4）亏损单子不加仓：加仓越多，爆仓越快。

+心态

在交易过程当中，交易能否成功，交易理念和交易技术只占30%，而交易心态及交易信仰却占70%。

而在实际的交易过程当中，大部分投资者，只重视对交易技术、交易理念的学习，而忽视了交易心态的修炼，总感觉自己学习了很多方法和技术，却还在交易中赔钱。

这就说明，当你有了自己的交易规则和交易理念，并不能确保你赚钱，最终决定你能不能赚钱，关键看你在执行交易规则过程中的心态。

因此，希望大家在交易过程中，多去修炼自己的交易心态、交易信仰，最终做到知行合一。

+运气

因为走势的不确定性，运气的比重就非常突出。

有可能行情一直不是你所等待的行情，也有可能行情让你短期暴利后全部拿走。在很多时候，这并不是你交易方法的问题，而是运气。

期货警句

把交易决策和情绪分离开来，遵守纪律。

期货警句

当你大量交易时，关键是此后的市场立刻对你有利，不然头寸就要立刻下降。这是你自认为极端有利，而事实相反时，能使你在财务上生存下来的关键方法。

期货警句

交易不是生活的全部，要多花些时间与你心爱的人在一起。

执行一套交易系统，需要对系统和运气之间的关系有深刻的理解。否则，很容易就迷失在追求完美的陷阱里。

在交易市场，我们永远只能做着正确的事，等待运气的降临。所有的成功，都是洞见了交易真相的人，被运气笼罩的结果。

本讲投资建议

◆ 想做交易，必须有自己的交易理念及交易策略。

◆ 没有交易理念及交易策略，请不要做交易。

◆ 构建你的交易理念及交易策略。

◆ 认真掌握这个交易理念：交易系统＋小赔＋小赚＋大赚＋绝不大赔＋心态＋运气＝稳定盈利。

◆ 要明白"小赔＋小赚＋大赚＋绝不大赔"的真正含义，并将其落实在自己每一次交易当中。

◆ 交易理念及交易规则固然重要，但是交易心态及交易信仰的修炼更重要。

◆ 有时交易需要一点运气，所以，不要怨天怨地。

交易感悟

不管选用何种原则，一旦确定下来，就要坚持不懈，这也是对投资者戒律和心态的考验。如果不能严格遵守自己的交易原则，市场稍有起伏波动，你就坐立不安，很容易陷入紧张情绪中，采取鲁莽的行动。头脑中不要因为有侥幸投机的想法而摒弃这些原则。

——利奥梅拉梅德

第 三 讲　期货交易系统（上）

一、交易系统的定义

期货交易系统就是由相互关联的交易规则构成的一套完整的交易规则体系。它一般是由行情判断子系统、资金管理子系统和风险管理子系统三部分构成。其中，比较重要的行情判断子系统应该包括两条以上的交易规则，这些规则应具有相互之间的有机联系，并且至少能完成一个完整的交易周期。

期货交易系统要经过实战阶段的检验。由于系统操作者本身也是交易系统的一部分，其能否克服自身的心理障碍是成功的重要条件之一。但总的来说，采用期货交易系统，由于是百分之百客观的决策模式，能够有效地排除人的主观意志和个体情绪对信号发生过程的干扰，使系统交易具有较高的操作稳定性及抗灾难性失误的能力。

一个交易系统就是一个交易者的心血结晶，它体现了交易者的交易哲学。因此它不具有普适性，即一个交易系统只有在它的构造者手中才能发挥出最大效果。所以对于交易者来讲，只有找到适合自己的交易系统，才能走上稳定盈利的道路。

二、交易系统的分类

交易系统，传统上分为趋势跟随交易系统、反趋势交易系统、突破交易系统、价格区间交易系统、对冲系统等五种。但是，现在交易者使用较多的是趋势跟随系统和突破交易系统。

1. 趋势跟随交易系统（Trending Systems）

趋势跟随系统盈利的假设是期货市场正在形成一个较强的上升或者下降趋势。通常意义下，我们认为较强的上升或者下降趋势是指价格沿着大于35°角上升或者下降通道运行，并且回撤较小。比如在上升趋势中，调整幅度较小并且获利平仓盘不明显。

从历史数据来看，市场在30%～35%的时间内时处于趋势行情中。在趋势行情中，通常有某些因素导致投资者更为贪婪（在上升趋势中）或者更为恐惧（在下降趋势中）。投资者的这些极端情感和行为往往导致市场价格快速变化。趋势跟随系统就是利用这样的优势，往往能够在较短的时间内获得丰厚的利润。

作为一个趋势交易者，你需要在趋势性强的市场或带有一定速度的投机市场中进行交易，振荡行情或无趋势的市场将会是趋势交易者的噩梦。

趋势交易系统的理念就是不断亏小钱以捕捉几次赢大钱的机会。因此，作为趋势交易投资者，你必须具有承受这些风险的能力，并且有足够多的资金去抵消这些交易小赔的损耗。

如上所述，趋势交易系统的最大制约因素就是它只能应用于市场出现趋势时，尽管目前来看市场大概只有30%的时间处于趋势状态。如果交易者尝试将趋势系统应用于快速振荡行情中，那么他们一定会连续亏损直至退出。假设交易者不能认识到市场是否适合趋

期货警句

掌握节奏，赔钱不称心时，赶紧砍单离场，让自己休息一下，避免受情绪影响而做出另外一个错误的决定。再也不因亏损而加单或急着捞本。

期货警句

最困难的时候也是最有希望的时候。有时候赔了钱就不愿意再分析市场，而往往最好的做单机会就在此时悄悄溜过。

势交易，那么他们将会损失大量的金钱和时间。

下面我们用示例来看看趋势交易系统的优劣，如图3-1：

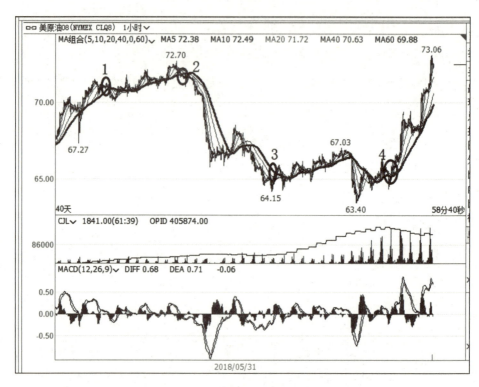

图3-1　美原油0808合约

（1）在1和2之间，是没有趋势的，在这之间交易你一定是赔钱，可能要赔2~3次，但是你一定要做到小赔。

（2）在2和3之间是单边下跌趋势，在这个过程中，你一定要做到大赚，用这个大赚来回填前面的小赔。

（3）在3~4之间，又是没有趋势的，你又可能赔2~3次，但是你一定要做到小赔，用前面的利润来填。

（4）从4之后一段又是单边上涨趋势，你一定要做到大赚。

从上述来看，如果你用趋势跟踪交易系统，你总共大赚了2次，小赔小赚了6次，但是你2次大赚的钱足以把你4~5次小赔的钱回填了，并且盈利。这就是趋势跟踪交易的优势，它的不足就是要承受数次小赔，并且每一次交易信号都要去执行，明明知道其中一大部分都是错的。为了不错过大的单边趋势，你必须这样做，这需要极大的心理承受能力。当机会再次来的时候，敢果断入场。

2. 突破交易系统（Breakout Systems）

突破交易系统适用于市场在建立调整平台之后在没有任何先兆的情况下价格突然向上（或者向下，但是向上突破的交易系统使用更为广泛）运行的情况。

与趋势交易系统相比，突破交易系统的优势在于它可以应用于无趋势或者剧烈振荡的市场中。那么突破交易系统的缺陷是什么呢？该系统区别于趋势跟随系统，它在具有强烈趋势的市场中表现并不尽人意。因为在强烈的趋势市场中，并不存在很明显的箱体形态。

根据无趋势市场或者箱体市场的特性，一般我们把止损点设置在箱体的上方（如果向上突破的话）。与趋势跟随系统相比而言，这样的设置有较好的支撑位。趋势跟随系统很可能存在连续错误的情况，而突破系统较少存在这样的情况。

期货警句

学会选择最佳做单时机。95%的利润来自于5%的好单。让利润增长，迅速砍掉亏损。过滤掉一些不该进场的单子，则能提高收益率。

期货警句

及时总结经验教训。赔钱时要认真反思，找出错误所在，下次争取不再犯。赚钱时则冷静思考对在哪里，同样的方法如何用在其他市场上。

我们来看图3-2，分析一下突破交易系统。

图3-2　美原油0808合约

图3-2中，美原油突破前期高点67.03时，并且以大阳线的形式突破，做多点在突破大阳线的第二根K线做多单，止损突破大阳线的开盘价，然后就有一波上涨，在上涨的过程中，止盈要采用移动止盈，一般设在大阳线的开盘，什么时间打破大阳线，突破交易结束。

三、交易系统的基本特征

系统交易思维是"道"，"道"的物化则是"术"。交易系统作为"术"，应该具有如下基本特征。

1. 交易系统必须反映交易对象的价格运动特征

这特征包括价格运动的趋势和价位，其中趋势为交易决策提供交易的战略方向，价位提供交易的战术出入点，因此，交易系统必须具有一个行情判断子系统，而这个子系统至少要具有趋势判断和价位判断两个基本组成部分。

2. 交易系统必须反映交易资本的风险特征

就交易对象的价格运动特征来讲，其某个具体时间、空间的个别价格运动的随机性和价格总体运动的规律性是偶然与必然的对立统一，因此，在承认交易对象价格运动的规律可以揭示的同时，亦必须承认价格的随机扰动是不可避免的，是与其规律性共生共存的。

由于价格的随机扰动，必然造成行情判断子系统出现判断失误，从而造成交易风险。交易风险是具体的，其表现就是可能造成或者实际造成交易资本的损失，**风险的大小则由亏损占交易资本的比例来衡量**。并且，资本本身也具有独特的风险特征，譬如，资本占用时间的长短、资本的来源、投资的目的等，都会对资本的风险属性构成影响。因此，交易系统仅仅具有行情判断功能是不行的，还必须具有风险控制功能。**交易系统在结构上必须具有风险控制与资金管理的子系统**，从而在满足资本的风险特征的同时，达到精确量化地控制风险、保护资本的效果，进而实现资本的增值要求。

期货警句

追随趋势。绝对不要一厢情愿地认为某一价位是高价区或低价区，抄底和摸顶都是非常危险的。能判断对的只是市场可能走的方向，但朝某个方向走多远得由市场去决定。做单要顺势，势越强，越容易赚钱。

3. 交易系统还必须反映交易者的人性特征

交易方法本身是科学的艺术，是具有艺术性的科学。其中，交易方法受价格运动特征和资本特征的制约，这种制约是科学性的体现。同时，交易方法还受到人性的制约，具有交易者所含有的激进型、保守型或者稳健型的个性色彩，否则，交易系统则不能为人所接受。交易系统的人性特征，则导致了交易方法的艺术性，并具体体现为带有人性色彩的不同的交易策略。因此，交易系统如果是私密性的，则必然具有其开发者或使用者的文化、性格、经验等个性特点。

四、交易系统的使用

交易系统的重要性越来越受到投资者的关注。随着中国期货市场的发展，投资者由原来的盲目交易逐渐转向理性投资，由被动的跟盘转向由交易系统来指导自己的交易。实际上，在期货市场长期获利的交易系统应该存在，但交易系统对于交易者来讲仅仅只是一件交易工具，也并不是任何人用同样的交易系统都会得出同样的交易结果的。获得了交易系统和通过交易系统来获利完全不是一回事，运用交易系统的能力远比交易系统本身更为重要。

评判一套交易系统，至少应包含以下几方面：是否有明确的交易信号；风险能否有效控制；是否具有可操作性；是否具有获利能力；是否适合自己。

如今，寻找或购买一套交易系统并不困难，交易系统本身已不是什么秘密，只要你愿意就可以拥有一套甚至若干套交易系统，但如何获利却仍是秘密。对大多数投资者来讲，运用交易系统进行交易和自己摸索所得的交易结果差别并不大，长期获利依然是可望而不可即的。投资者会发现在模拟交易中系统很好用，而一旦进入实战则似乎并不是那么好用。个中原因就在于投资者并未真正了解交易系统，或者这套交易系统并不适合他，而更关键的因素则可能是他根本就不具备运用交易系统的能力。

要想通过交易系统获利，首先必须正确认识交易系统，同时自己的交易能力一定要和交易系统相匹配。**运用交易系统的能力表现在两个方面：如何度过系统的困难时期；如何充分发挥系统的优势。**

千万不要认为具有获利能力的交易系统可以保证你每笔交易都成功！任何的获利都是由亏小赚大组成的，任何交易系统都有弱点，亏损不可避免。对于趋势跟踪系统来讲，它不要求盈利的次数大于亏损的次数，它只要求不断地用小的止损去寻找大的获利机会，这样的系统需要使用者做好不断接受小额亏损的准备。而对于短线交易系统来讲，它更注重追求盈利次数大于亏损次数，它追求准确率。所以，投资者在选择交易系统时一定要清楚哪种系统适合自己，切不可盲目选择。短线交易要求投资者密切关注市场的一举一动，波动就是其利润来源，在交易中不能有任何干扰；而趋势交易则相反，它忌讳仔细盯盘，仔细盯盘会破坏投资者对趋势的整体把握，波动是其亏损之源，投资者只需关注市场的趋势是否改变即可。但市场上大部分的投资者都是用仔细盯盘的方式来企图获取趋势利润，这导致他们对短线和趋势都无法把握。

系统交易的本质是处理正在发生的情况，而不是处理未来将要发生的情况，它是根据交易信号来交易，而不是预测市场来交易。但期货市场中有很多人花费大量时间来应对未来将要发生的情况，而对正在发生的情况却不知所措。这导致他们的交易无法有效地进行。他们总想走在市场前面却忽略市场的现实情况，从而使他们的交易处于虚幻之中，缺

期货警句

技术分析。当电脑自动交易系统与自己的入市灵感背道而驰时，可选择暂时离场，不买不卖。

期货警句

反市场心理。不要认同多数人的做法，因为在期货市场上大部分人是赔钱的。

乏现实的基础。这有违交易系统的本质。正确的交易思想是运用交易系统的前提！

在系统处于亏损时，不要轻易认为系统需要改变或更换，亏损是正常现象，必须接受，此时应想想如何提高自己处理困难的能力和保持耐心。而在系统的获利时期，切不可耍小聪明，认为可以运用自己的交易能力来提高系统的效率，此时遵守纪律胜过一切！系统的困难时期可以提高你的交易能力，系统的收获时期则可以考验你的自律精神！

对于系统交易者来讲，市场的涨跌已不重要，重要的是对交易信号的执行。因为系统的交易信号经常会与你对市场的看法相矛盾，很多交易机会就是在投资者的犹豫彷徨中错失的，这也是导致使用同样的交易系统其交易结果大不一样的关键所在。市场无论是涨还是跌，系统在关键时刻都会发出交易信号，认真执行交易系统的指令，可以大大简化我们的交易，使交易更加简单有效，这也是为什么交易系统这么重要的根本原因。

另外，使用交易系统必须保持适当的灵活性。同样的交易系统不同的人使用，交易结果一定不一样，有人赚，有人亏，有人大赚，有人大亏，关键还在于使用者的运用能力。交易永远不可能跟数学公式一样！

交易系统具有相对的机械性，而适当的灵活就如同润滑油，可以使这部机器更好地运转，而润滑油就是你的交易能力和应变能力。

所以，在使用交易系统之前，千万不要盲目乐观，获利的关键在于你的交易能力，系统只能帮你解决部分难题，而不是全部。

期货警句

风险控制。一般来说，好单进场不久就会有利润。如果一张单进场后，过了一两周还赔钱，十有八九是方向错了。进单后总要做最坏的打算，你认为不可能的事情往往就会发生，所以要设好砍仓价位，过了价位坚决砍仓。

五、交易系统与交易者

"认识你自己"是铭刻在古希腊廊柱上的名言，同时也是每一个交易者应当铭刻于心的交易名言。**交易系统是交易者的工具，拥有交易系统是期货市场持续稳定获利的必要条件，但并非重要条件。这说明拥有一个好的交易系统是取得投资成功的良好开端，但最终能否取得成功还要看交易执行者即交易者的配合。**在交易过程中最难的还是人的心态，有句话说得好，"性格决定命运"，在交易中则是性格决定了交易工具的选择和交易的最终成败。

交易者认为，短线交易者不适合用趋势系统进行交易，短线交易者需要仔细盯盘，并洞察其中的蛛丝马迹，在交易中精力必须高度集中，不能受到丝毫的影响。而对于趋势交易者来说则不用盯盘，不为盘面的涟漪所干扰，甚至仔细看盘成了趋势交易者之大忌。这种截然不同的方法，来自于两种不同交易者的交易性格使然，不同的性格决定了不同的关注点和不同的交易方法以及不同的交易工具。

短线交易系统更强调的是系统的成功率，即要求盈利次数要明显大于亏损次数，其奉行的投资哲学是"薄利多销，积少成多"；趋势交易系统则更注重的是小亏大赚，用不断的止损作为成本和代价去换取大的趋势利润，趋势交易者对成功率并不敏感，有些趋势交易系统的盈利次数甚至小于亏损次数，但其最终却是盈利系统，**这充分说明了趋势系统所奉行的投资哲学是"厚利薄销，小亏大赚"。**对于短线交易和趋势交易这两种交易方法而言，没有孰是孰非、孰优孰劣之分，关键看其能否适合交易者的性格。因此短线交易者选择短线交易系统作为其交易工具，中线交易者选择趋势交易系统作为其交易工具，是交易者与交易系统的良好搭配。当然有经验的交易者会在短线系统和趋势系统之间找到较佳的结合点。交易系统和交易者的无缝连接才构成真正意义上的盈利系统。它包括以下几个方面的深刻含义：

（1）正确认识你自己，认清自己适合短线交易还是趋势交易。如果你对盘面波动非常敏感，建议你使用短线系统；如果你认为短线的波动并不能让你体会到交易所带来的快乐，你应该属于趋势交易者，建议你使用趋势交易系统进行交易。

（2）交易系统是否具有明确、量化、唯一的交易信号。

（3）交易系统是否通过历史检验，即检验该系统在过去的盈利分布情况是否符合标准。

（4）交易系统是否通过历史外推检验，即检验该系统在历史分区的盈利分布是否符合标准。

（5）交易系统是否通过实战检验。实战检验是交易系统检验过程中最重要的一个环节。实践是检验真理的唯一标准，很多模拟交易比赛的佼佼者为什么会在实际交易中亏得一塌糊涂？很多历史检验完美无缺的交易系统投入实战为什么总不能让人得心应手？个中关键相信你读了本书后应该豁然开朗。

（6）在执行系统信号时不要心存犹豫。对系统的犹豫主要来自于系统亏损时期的信心衰竭，"月有阴晴圆缺，人有悲欢离合"，正是由于瑕疵的存在，才构成了真正的完美。首先我们应认识到交易系统的亏损期属于正常现象，此时期才是真正考验和提高交易者交易水平的时期，是考验交易者应对困难、处理困难能力的时期，是培养交易者稳健交易风格和耐心交易品质的重要时期。

实践证明，能在系统亏损时期，一如既往地执行交易信号的投资者才是真正的、少数的盈利者。 因为未来是不可预测的，在事前人们并不知道这是系统的困难时期，而这个时期往往是在其成为历史之后才被发现的，因此这个时期的交易信号如果你没有去执行，很可能就会漏掉行情。交易系统并不试图去预测价格的空间和时间，系统唯一做的就是把握现在，活在当下，是处理正在发生事情的反应式交易，而不是处理尚未发生事情的预测式交易。很多人毕其一生心血研究期货预测技术，而忽略了正在发生的现实，导致其交易操作严重缺乏现实基础。因此交易师不愿再听到所谓的"你认为天胶明天是不是要涨？"的低水平提问，因为交易师根本无法回答这个问题。

本讲投资建议

◆ 根据自己的特点，构建适合自己的交易系统。

◆ 明白趋势跟踪交易系统与突破交易系统各自的优劣和不足。

◆ 趋势交易系统的理念就是不断亏小钱以捕捉几次赚大钱的机会。

◆ 作为趋势交易投资者，你必须具有承受这些风险的能力，并且有足够多的资金去抵消这些交易损耗。

◆ 评判一套交易系统，至少应包含以下几方面：是否有明确的交易信号；风险能否有效控制；是否具有可操作性；是否具有获利能力；是否适合自己。

◆ 交易系统对于交易者来讲仅仅只是一件交易工具，也并不是任何人用同样的交易系统都会得出同样的交易结果的。获得了交易系统和通过交易系统来获利完全不是一回事，运用交易系统的能力远比交易系统本身更为重要。

◆ 运用交易系统的能力表现在两个方面：如何度过系统的困难时期；如何充分发挥系统的优势。

◆ 系统交易的本质是处理正在发生的情况，而不是处理未来将要发生的情况，它是根据交易信号来交易，而不是预测市场来交易。在系统处于亏损时期时，不要轻易认为系统需要改变或更换，亏损是正常现象，必须接受，此时应告诉自己如何提高处理困难的能力和耐心。而在系统的获利时期，切不可耍小聪明，认为可以运用自己的交易能力来提高系统的效率，此时遵守纪律胜过一切！系统的困难时期可以提高你的交易能力，系统的收获时期则可以考验你的自律精神！

◆ 在使用交易系统之前，千万不要盲目乐观，获利的关键还是在于你的交易能力，系统只能帮你解决部分难题，而不是全部。

◆ 交易系统是交易者的工具，拥有交易系统是期货市场持续稳定获利的必要条件，但并非重要条件。这说明拥有一个好的交易系统是取得投资成功的良好开端，但最终能否取得成功还要看交易执行者即交易者的配合。

◆ 实践证明，能在系统亏损时期，一如既往地执行交易信号的投资者才是真正的、少数的盈利者。

交易感悟

很多时候市场就是捉弄这种患得患失的恐惧心理，当你真的战胜了这种恐惧心理，只要市场出现行情，在做好操作计划的前提下敢于大胆跟进，赚钱的比例远远要大于亏钱的比例，这就是"勇者无敌"。

——汤姆·博文

第 四 讲　期货交易系统（下）

一、交易系统的设计理念

通过趋势指标找趋势多空转折点，在此基础之上，配合大 K 线和成交量，来确定趋势的上涨或下跌，以此作为我的进出场依据。

在转折点进出场，成功率高，盈亏比大，又相对比较安全。

二、交易系统的组成

1. 趋势

判断趋势转折有 2 条均线组：1 条均线组（共 6 条均线）是短期均线，代表短线的市场参与者，他们代表的是投机行为，属于快进快出型；1 条均线组（共 6 条均线）是中长期均线，代表中长期的市场参与者，他们代表的是投资行为，不会快进快出。通过 2 条均线组的交叉转换来确定趋势的转变。

2. 标 K

标 K，就是标志性 K 线，也就是大阳线或大阴线，我的进出点位一定是在大阳线或大阴线处。大阳线或大阴线代表多头力量的强大或空头力量的强大，代表着趋势的转变。

3. 标量

标量，就是大的成交量，出现标 K 时，一定要出现标量，也就是放大量，大的成交量和大的 K 线，更代表着趋势的转变。

4．MACD

根据 MACD 快慢线在 0 轴之上或之下，上穿 0 轴或下穿 0 轴，来确定市场的强势，同时配合前面的三个指标来使用。

我的交易系统具体如图 4 - 1。

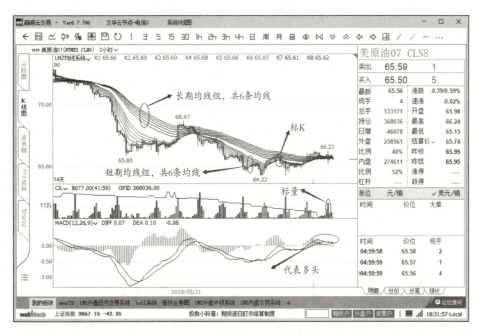

图 4 - 1　美原油 0807 合约

三、交易系统的使用

1．均线组使用

（1）价格在长期均线组之上代表多头趋势，在两条均线组之上，代表多头强势；价格在长期均线组之下代表空头趋势，在两条均线组之下，代表空头强势。多头趋势不做空，空头趋势不做多。

（2）短期均线组上穿长期均线组，价格在所有均线组之上，代表趋势由空头转多头。短期均线组下穿长期均线组，价格在所有均线组之下，代表趋势由多头转空头。

（3）短期均线组与长期均线组由发散到聚拢，交织在一起，代表短期投机者与中长期投资者的投资成本基本达成一致，是趋势发生转变的前兆，一定要引起足够的重视，预示交易机会马上来临。

（4）短期均线组与长期均线组聚拢，交织在一起，但是不形成交叉，当放量拉大阳线或大阴线时，代表调整结束，价格重新按原有的方向运行，这是一个很好的加仓点或建仓点。

（5）短期均线组与长期均线组聚拢，交织在一起，形成交叉，同时有标 K 和大的成交量出现，趋势发生转折的概率会更大。

具体如图 4-2。

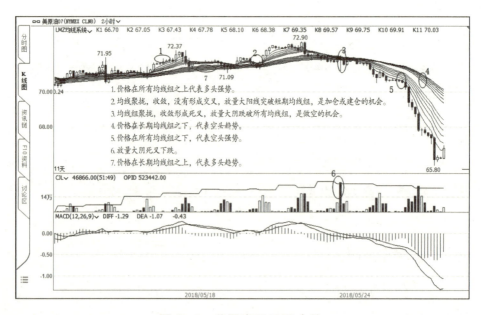

图 4-2　美原油 201807 合约

2．MACD、成交量、标 K 配合均线组的使用

（1）两条均线组聚拢交叉，同时出现放量大阳线或大阴线，价格在所有均线组之上或之下，MACD 同时上穿或下穿 0 轴，符合做多标准。

（2）两条均线组聚拢、收敛，但不交叉，通过一段时间整理之后，出现放量大阳线或大阴线，价格在所有均线组之上或之下，MACD 在 0 轴附近金叉或死叉，可以建仓空单或者加仓。

具体如图 4 - 3。

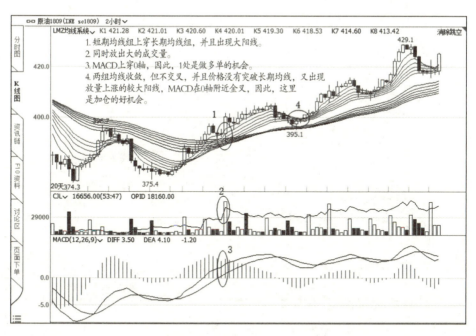

图 4 - 3　国内期货 1809 合约

四、我的交易系统详解

1. 多单建仓

条件 1：短期均线组上穿长期均线组，两组均线聚拢，交织在一起。

条件 2：大阳线上穿所有均线组，价格在所有均线之上，大阳线成交量必须放大。

条件 3：MACD 的快慢线上穿 0 轴或在 0 轴附近金叉。

条件 4：大阳线必须放出较大成交量。

条件 5：大阳线如果有突破平台最好（这不是必要条件）。

条件 6：在第二根 K 线建仓。

具体如图 4 - 4。

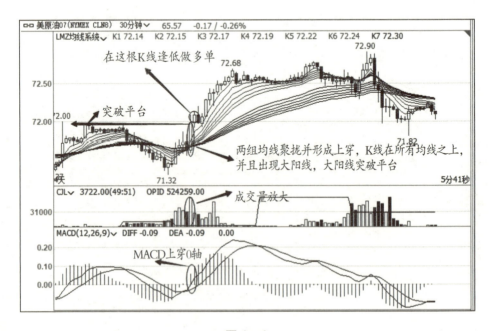

图 4 - 4

备注：

（1）大阳线是与前面 K 线相比要明显大出就可以。

（2）大量，与前面的量相比，有明显放大就可以。

（3）2 组均线越合在一起越好。

2. 多单止损

止损设在大阳线的开盘价。具体如图 4-5。

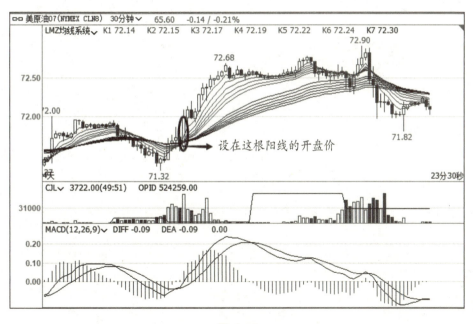

设在这根阳线的开盘价

图 4-5

备注：

（1）如果有均线聚拢得比较好，K 线不是太大，也可以设在最下面均线的下沿。

（2）止损设好千万别去改变它，这是保命的止损。

3. 多单加仓

条件1：加仓必须在盈利单子加仓。

条件2：加仓必须在大阳线上加仓，如果平台突破最好。

条件3：大阳线的下一根 K 线逢低加仓。

条件4：大阳线要放量。

具体如图 4 - 6。

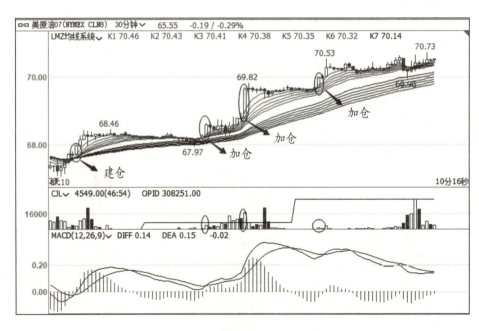

图 4 - 6

备注：

（1）加仓的单子绝不赔钱出局。

（2）加仓之后一定要做好盈利保护。

4. 多单止盈

条件1：MACD死叉止盈。

条件2：价格跌破短期均线组止盈。

条件3：价格跌破长期均线组止盈。

具体如图4－7。

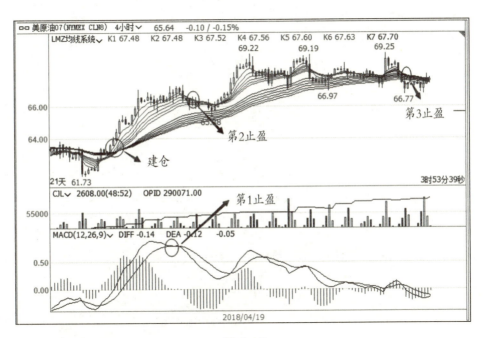

图4－7

备注：

（1）3种止盈方法各有好处和不足，大家在止盈时，根据自己的实际灵活运用。

（2）当有一定的盈利时，一定要做好盈利保护。

5. 空单建仓

条件1：短期均线组下穿长期均线组，两组均线聚拢，交织在一起。

条件2：大阳线下穿所有均线组，价格在所有均线之下，大阴线成交量必须放大。

条件3：MACD的快慢线下穿0轴或在0轴附近死叉。

条件4：大阴线必须放出较大成交量。

条件5：大阴线如果有突破平台最好，但不是必要条件。

条件6：在第二根K线建仓。

具体如图4-8。

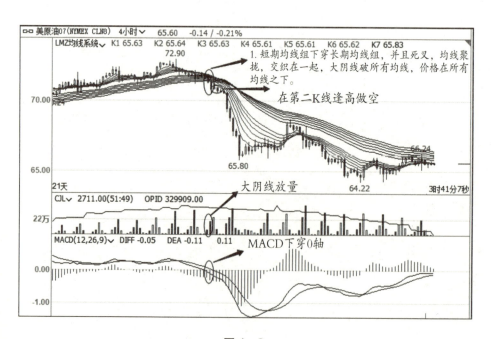

图4-8

备注：

（1）大阴线是与前面 K 线相比要明显大出就可以。

（2）大量，与前面的量相比，有明显放大就可以。

（3）2 组均线越交织在一起越好。

6. 空单止损

止损设在大阴线的开盘价。具体如图 4 - 9。

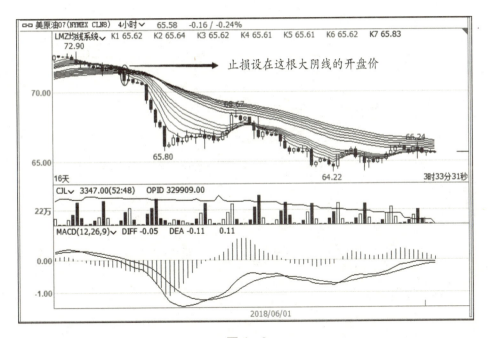

图 4 - 9

备注：

（1）如果有时均线聚拢得较紧密，K 线不是太大，也可以设在最下面均线的下沿。

（2）止损设好千万别去改变，这是保命止损。

7. 空单加仓

条件1：加仓必须在盈利单子加仓。

条件2：加仓必须在大阴线上加仓，如果平台突破最好。

条件3：大阴线的下一根K线逢高加仓。

条件4：大阴线要放量。

具体如图4－10。

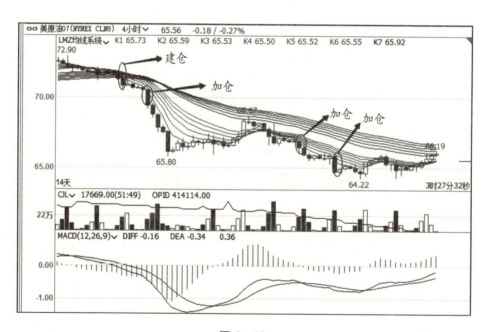

图 4－10

备注：

（1）加仓的单子绝不赔钱出局。

（2）加仓之后一定要做好盈利保护。

8. 空单止盈

条件1：MACD金叉止盈。

条件2：价格上破短期均线组止盈。

条件3：价格上破长期均线组止盈。

具体如图4-11。

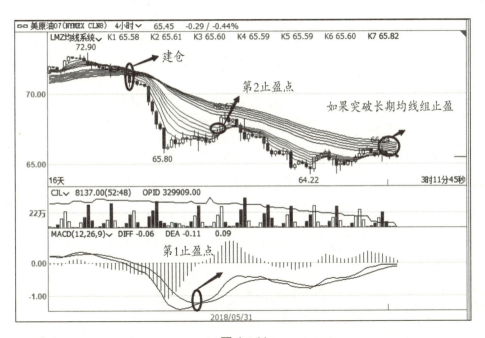

图 4-11

备注：

（1）3种止盈方法各有好处和不足，大家在止盈时，根据自己的实际灵活运用。

（2）当有一定的盈利时，一定要做好盈利保护。

9. 仓位管理

仓位管理分为：试仓、建仓、持仓、加仓和止盈。

（1）试仓：一般仓位只占总资金的1%左右，主要是试探性的，如果错了，损失可以忽略不计。

（2）建仓：试仓成功，可以进行建仓，仓位占总资10%左右。

（3）加仓：建仓成功，可以加仓，每次加仓10%左右，最高仓位不越过70%。

（4）持仓：只要试仓成功，后面的建仓、加仓都是一个持仓过程。

备注：

这样做仓位管理的好处是：如果错了，只是试仓的损失，如果对了，通过加仓，就是大赚，这样才能真正实现赚大赔小。

10. 资金管理

以损定量的资金管理方法，就是根据自己每次能承担的损失，来确定自己的仓位，比如我试仓每次只愿意损失总资金的1%，比如我有50万资金，其中1%就是5000元，如果我做10手，平均每手的损失就是500元，如果我做5手，平均每手的损失就是1000元，以此来决定止损位点位及仓位。

备注：

这样做的好处是：损失永远就是这么多，永远都不会大赔。

综上所述，构建一个交易系统，首先系统必须能判断趋势，知道目前市场是处于多头趋势还是空头趋势；其次，能确定价格的位置，就是出入场点；最后，要有仓位管理、资金管理及风险控制的措施。

把这几个要素做好之后，一个交易系统就基本完成了。接下来，就是练习执行交易系统的能力，等你完全能执行自己的交易系统时，你就基本能稳定获利了。

期货警句

一定要从内心清除自我，一个把自我高高挂起的投资者是很难成功的。

本讲投资建议

◆ 细心研读笔者的交易系统的各个要素。

◆ 能依据笔者的交易系统，去尝试构建自己的交易系统。

◆ 构建一个交易系统很容易，难在交易系统的执行。

◆ 想构建自己的交易系统，必须要有交易理念和交易策略。

◆ 交易系统最重要的是：明确的进出场信号及仓位管理。

交易感悟

盲目摸顶和抄底使投资者遭受了巨大的损失，市场是客观的，它有着一般投资者无法预测的客观走势。我们要做的是跟踪趋势而不是预测趋势，把握目前市场发生的一切，积极思考在目前市场中怎么去顺势而为。

——莱利·海特

第五讲 趋势判断

在期货交易中，我们每做一单交易，都是从判断趋势开始的，看市场是多的趋势，还是空的趋势，或是横盘整理。然后看是否符合自己的交易系统，如果符合，那么入场点在哪里？找到入场点和止损位，就开始第一笔交易。

这里就有一个重要问题：判断趋势的问题。

那如何判断趋势呢？

每个人由于交易的方法或交易策略不一样，判断趋势的标准也不一样。不同的交易系统，对趋势的判断也是不一样的。因此，只要有一个标准来判断趋势就可以了，趋势没有对错，比如用均线、MACD，或其他的一些趋势指标来判断趋势都可以。总之，做期货交易一定要有判断趋势的方法，让自己区分市场目前是处于什么样的状态之中。

比如，价格在60日均线之上，是多的趋势，只做多不做空；价格在60日均线之下，为空的趋势，只做空不做多，具体如图5-1。

从图5-1中我们可以看到，在1和2之间，价格都在60日均线之上运行，只做多单，不能做空单，做空容易被止损，是逆势操作。在2和3之间，价格在60日均线之下，只做空不做多，做多单容易被止损，也是逆势操作。

因此，学会判断趋势，就是避免逆势操作，提高交易的成功率。

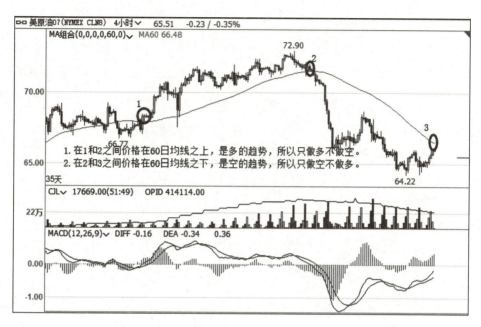

图 5 - 1

下面来谈谈我是如何根据自己的交易系统来判断趋势的。

首先，交易系统必须能判断趋势，在我的交易系统里，短期均线组和长期均线组就是一个判断趋势的指标。

其次，判断趋势的标准一定要分得出多头弱势、多头强势、空头弱势和空头强势，以及横盘整理，没有趋势。

最后，参与的趋势只能是多头强势和空头强势，而空头弱势、多头弱势和横盘整理都是不参与的。

趋势具体的判断标准如下：

期货警句

未入市之前必须摆下止损盘，止损盘要切切实实的，不能自欺欺人，心中有止损，手中无止损。入市的交易单要伴以离市的止损单，以确保在一定价位立即斩仓离场。即便入市只有五分钟，当你感到有危险的时候，亦要毫不犹豫平仓，不要管别人怎么想。

多头强势：价格在短期均线组和长期均线组之上，短期均线组和长期均线组趋势向上。

多头弱势：价格在长期均线组之上，但在短期均线组之下，在两者之间波动。

空头强势：价格在短期均线组和长期均线组之下，短期和长期均线组趋势向下。

空头弱势：价格在长期均线组之下，但在短期均线组之上，在两者之间波动。

横盘整理：短期均线组和长期均线组交织在一起，没有方向，价格在短期均线组和长期均线组之间忽上忽下。

具体见表 5 - 1。

期货警句

要限制入市买卖的次数，要把握最好机会才放手入市。能否等到入市时机是投资者成功与否的关键。

表 5 - 1　趋势类型及判断标准

趋势类型	图示	注解
多头强势	6.781　K5 16.761　K6 16.742　K7 16.672　16.935　16.955　16.645	1. 短期均线组向上； 2. 长期均线组向上； 3. 价格在两个均线组之上。这就是多头强势，参与。
多头弱势	7　K2 16.862　K3 16.867　K4 16.866　K5 16.86　16.860	1. 长期均线组向上； 2. 短期均线组走平； 3. 价格在两个均线组之间波动。这就是多头弱势，不参与。

（续表）

趋势类型	图示	注解
空头强势	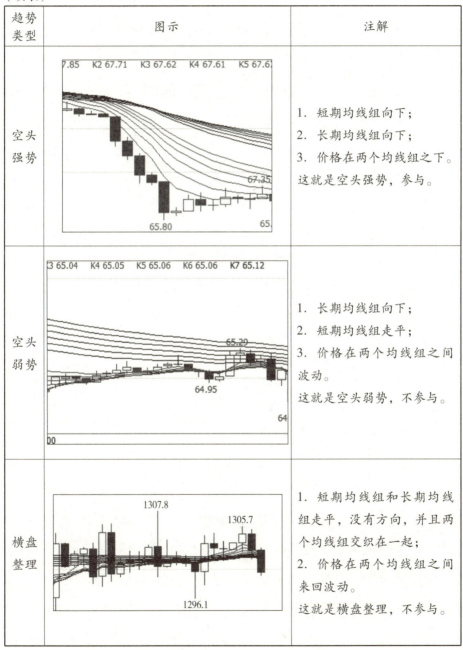	1. 短期均线组向下； 2. 长期均线组向下； 3. 价格在两个均线组之下。 这就是空头强势，参与。
空头弱势		1. 长期均线组向下； 2. 短期均线组走平； 3. 价格在两个均线组之间波动。 这就是空头弱势，不参与。
横盘整理		1. 短期均线组和长期均线组走平，没有方向，并且两个均线组交织在一起； 2. 价格在两个均线组之间来回波动。 这就是横盘整理，不参与。

通过这样的分析，大家一定明白了如何判断趋势，知道在什么样的趋势下做什么单子，在什么样的趋势下不参与做单。

学会判断趋势是期货交易的第一步，希望大家通过本讲的学习，都能找到判断趋势的方法，知道怎么做单。

本讲投资建议

◆ 做交易时必须有自己判断趋势的标准。

◆ 期货交易从判断趋势开始。

◆ 判断趋势的标准：必须明确趋势的具体形态。

◆ 明白什么样的趋势可以参与交易，什么样的趋势不可以参与交易。

◆ 看不清趋势宁可错过，不要参与。

交易感悟

如果风险意识不够强，赚了钱后飘飘然，觉得自己的能力超过了市场，对市场不再敬畏，过去严守的原则也抛在脑后，这样一来迟早会被市场吃掉。

——东尼·西里巴

第 六 讲　交易的一致性

在期货交易过程中，投资者的资金曲线有一定的波动性，回撤是正常的。我们在交易中会遇到这种情况，在某些时候收益率表现很好，但突然大幅回撤，甚至出现亏损。之后又重复上述过程。或者一些投资者的收益率忽上忽下，盈亏极不稳定。为什么会出现这些情况呢？

这主要是因为投资者在交易过程中存在交易"不一致性"所造成的。比如：**开仓条件的不一致，止损条件的不一致，仓位的大小不一致，周期的不一致**；今天用这个条件开仓，用那个条件止损；明天用这个周期开仓，后天用那个周期开仓；今天重仓，明天轻仓；今天小止损，明天大止损。这些不好的交易习惯，都会造成交易不稳的结果。要解决这些问题，必须在交易过程中，做到交易的一致性。

在期货交易中，要想使自己的资金曲线上升，必须做到交易的一致性。

什么是交易的一致性？就是在交易的过程当中，只有一个交易标准——每次交易都按统一的标准开仓，统一的标准止损，统一的周期交易，统一的仓位大小，统一的加仓幅度，这就是一致性交易。

一、国际期货的一致性交易

国际期货的一致性交易，主要包括以下几个方面：

1. 分析方法的一致性

我们在交易之前，肯定会对行情进行分析，看符合不符合自己的开仓条件。用什么分析方法一定要固定，不能一会儿用均线方法分析，一会儿用布林线方法分析，一会儿用基本面分析，一会儿用技术面分析。

分析方法不一致，将会导致无法将盈利模式稳定在某种概率水平上，从而导致不稳定的盈亏出现。因此，如果分析方法具有一定的确定性，并且盈亏比比较大，那么就应当用同一种分析方法来进行交易，不可由于行情的不确定而变来变去。否则你在期货市场永远不赚钱。

2. 开仓、平仓标准的一致性

进出场依据是交易系统的核心内容之一。具有相对确定的进出场依据，才会告别无序操作、凭感觉下单。不同的交易者，有不同的进出场标准，有的人按照均线的形态进出场，有的人按照 K 线的形态进出场，还有的人则按照分时进出场。但无论以哪种方式进出场，**只要是一个成熟的交易者，进出场的依据都是相对确定的。只有这样，才能保证每次进出场的胜率相对稳定。**

大家想一下，如果交易系统的进出场依据都不同，那会是怎样一种结果？第一次进出场按照均线，第二次根据 K 线形态开仓，第三次又按 MACD 做单，这就是一种典型的无序交易行为。它造成的后果也只会是某一种方法赚的钱，在另一种方法上亏掉，甚至没有哪一种方法可以真正赚钱。

期货警句

　　每个人都是独特的，有各自的个性和需要。所以应该按自己的特点，去设计适合自己的投资分析方法。

期货警句

　　期货投机需要有充分的分析，需要一点灵感，同时必须了解自己。每次做出决定时，都要克制自己，让内心得到真正的宁静，才能做出明智的决定。

3. 止损标准的一致性

关于止损的方式，不同的投资者有不同的做法。很难说，哪一种做法更好，只能说哪一种方法更适合。要想保持交易盈利的稳定性，应尽量采用止损金额一致性做法。即每次交易的止损金额应该相同，比如每笔交易止损是 200 美元。在这种情况下，只要你交易的正确概率大过交易错误的概率，那么长期下来，就会是一个盈利的结果。

总之，不管用什么方法交易，止损标准必须是一致的，千万不能一天一个止损标准，这样交易的亏损也就无法控制，做不到小赔。

4. 交易周期的一致性

就是我们在交易时，一定要选择固定的交易周期，喜欢 4 小时，就在 4 小时周期交易，喜欢 15 分钟，就在 15 分钟周期交易。切忌 15 分钟进场，4 小时出场，或者日线进场，4 小时出场，这种无固定周期的交易，会让人看着什么周期都是机会，结果什么周期都不赚钱，什么周期的机会都没有把握住。

固定了交易周期，一来可以让你在交易时不会太累，二来只要有机会，就可以依据自己的标准果断入场。

5. 仓位大小的一致性

仓位大小的一致性，就是每次建仓的仓位是一样的，这样可以避免仓位一会儿重、一会儿轻。仓位一致，每次盈亏就不会大幅波动，也不会去重仓操作。

而仓位大小忽高忽低，会间接地影响盈亏比，并最终决定交易的盈亏。而盈亏比变化或者固定，是在仓位一定的情况下的。但如果仓位不固定的话，导致的结果和盈亏比不固定是一样的。比如，在某种操作方法下，仓位一致可以实现赚大赔小，结果由于仓位的不一致，而变成了一种不断亏损的交易。

6. 盈亏比设定的一致性

盈亏比的设定其实就是止损止盈的比例，它和进出场有着直接的关系。同时，盈亏比的设定也通过概率的方式影响着最后的交易结果。比如固定的进场标准可以提供50%的胜率，盈亏比为3∶1。那么我们可以计算一下，如果在 100 次符合一致性原则的交易样本中，就会有 50 次亏损，每次亏损为 1，共亏损 50 美元；同时，也会有 50 次盈利，每次盈利为 3，共盈利 150 美元。整个交易完成后净盈利（不考虑手续费）100 美元，可以判定这是一个具有稳定盈利的交易系统。

期货警句

账户的最大风险控制在 25%——在信号不明朗时，将已有仓位的三分之一平仓获利，而该笔利润将用作保证另外三分之一的投资，使真正冒风险的只有三分之一的投资额，而同时又可以享有三分之二的盈利潜力。使自己立于不败之地，同时不会由于大鱼溜走而影响心情，保持平静的心境。

期货警句

面对汹涌澎湃的大行情，在危急中千万不要恐惧，反而要以战斗的心态应付，平静地处理最坏的情况。

但如果把固定的盈亏比变成浮动的┃会是什么情况？同样 100 次交易中有 50 次亏损、50 次盈利，浮动的盈亏比使每次盈利值比亏损值有时大，有时又小。这就导致整个概率模型产生了变量，进而使得模型下的数据失去稳定性，很有可能由赚钱的系统变成赔钱的系统。因为谁也不能保证放开的盈亏比永远比固定的盈亏比表现更优秀。

由此，我们不难发现，**盈亏比的一致性决定了交易系统的稳定性。**如果没有办法保证这一点，交易系统稳定持续盈利就无从谈起了。

综合以上几点，我们会发现：**交易中一致性原则是保证交易规则的必要条件。**换句话说，只有遵循了交易中的一致性原则，交易系统才能真正发挥作用，资金增长的稳定才能有所保障。

二、国际期货的一致性交易实例分析

前面已讲述了交易的一致性原则，现在来具体谈谈如何在实战交易中运用一致性原则实现赔小赚大。

1. 一致性标准制定

如图 6 - 1 所示：

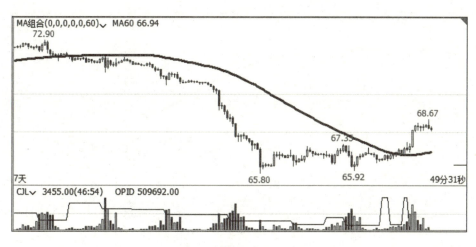

图 6 - 1

（1）价格在 60 日均线之上为多的趋势，在 60 日均线之下为空的趋势。

（2）价格上穿 60 日均线做多单，止损设在上穿阳线的开盘价。

（3）价格下穿 60 日均线多单止盈或止损。

（4）阴线下穿 60 日均线做空单，止损设在下穿阴线的开盘价，价格上穿 60 日均线止损或止盈。

（5）周期使用 30 分钟。

（6）仓位：1 手。

2. 分析的一致性

如图 6 - 2 所示：

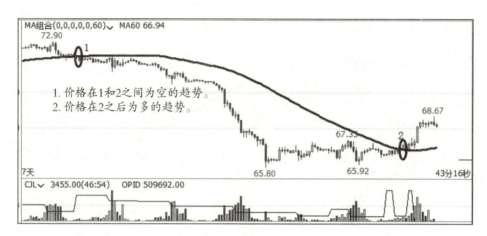

图 6 - 2

分析的一致性就是每次在进行交易行情分析时，都用 60 日均线来分析，价格在其上，为多的趋势，在其下为空的趋势，价格上穿 60 日均线就做多单，下穿 60 日均线就做空单。

3. 开仓、平仓标准的一致性

如图 6 - 3 所示：

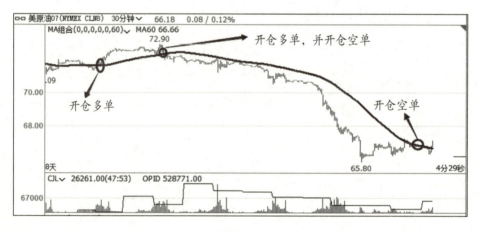

图 6 - 3

每次价格上穿 60 日均线，就开仓做多单，下穿 60 日均线，就开仓做空单，这样就做到了开仓、平仓的一致性。

4. 止损的一致性

如图 6 - 4：

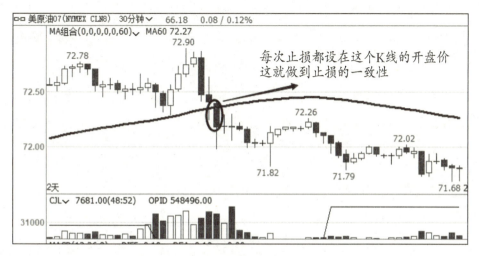

图 6 - 4

每次开仓时，止损都设在下穿阴线或上穿阳线的开盘价，这样就确保止损是固定的，不会因为不一致，导致大赔。

5. 交易周期的一致性

如每次交易，都在 30 分钟这个周期里交易，其他的周期不交易，这样就做到了交易周期的一致性。

6. 仓位的一致性

如每次在交易时，都是交易 1 手，不会这次 1 手，下次 2 手，然后又 5 手。仓位一致了，盈亏比就会一致，盈利就容易了。

本讲投资建议

◆ 期货交易一致性原则非常重要，只有做到交易一致性，才有可能实现盈利。

◆ 要根据自己的交易系统建立一致性的标准。

◆ 盈亏比的一致性决定了交易系统的稳定性。如果没有办法保证这一点，交易系统稳定持续盈利就无从谈起了。

◆ 交易一致性原则是保证概率模型样本的必要条件。换句话说，只有遵循了交易一致性原则，交易系统才能真正发挥作用，资金增长的稳定才能有所保障。

交易感悟

交易中不要随意改变计划。当制定好操作策略之后，投资者切不可由于期货价格剧烈波动而随意改变操作策略，否则将可能判断失误而错过获取较大盈利的时机，同时可能导致不必要的亏损，或者仅获取较小的盈利，另外还要承受频繁交易所导致的交易手续费。

第 七 讲　交易的连续性

很多人把握不住大行情，很重要的原因就是做不到交易的连续性。比如在交易某品种当中，如果交易信号错了几次，就不敢执行交易信号了；当市场再次出现交易信号时，由于前几次的错误，而犹豫不决，不敢执行这个信号，结果却是真的信号，并且是大波段的。

这就是在交易中常见的，由于做不到交易的连续性，而造成赔钱或赚不到钱的原因。

什么是交易的连续性？

就是在一个交易品种中，连续执行交易系统的每一个交易信号，哪怕是错误的交易信号，也绝不漏掉任何一个交易信号。

只有连续交易，在市场提供单边机会时，才能把握得住。只要你不错过任何一个交易信号，总有一次可以把握住大的单边机会。这就像猎人一样，如果知道猎物一定会从这里经过，但是不知道它什么时候来，那么只要守在这里就可以了。有很多大行情，都是因为没有做到连续交易，便与投资者擦肩而过了。

如何做到连续交易？主要从以下几个方面做起：

（1）对自己的交易系统要给予充分的信任，不能因为交易系统出现几次错误，就不敢执行交易信号了。

（2）一定要舍得小赔，愿意用几次小赔来把握这次大赚。所以，大赚是由小赔换来的，没有小赔，就不可能有这样的大赚。

（3）连续交易时，不能交易太多品种，最好1个，不要超过2个，品种多了，很难把握住。

（4）要想做到连续交易，必须只有一个交易标准。交易标准多了，逻辑就混乱了，当真正的单边机会来了，也就把握不住。

下面用图例来说明连续交易，如图7－1。

期货警句

最重要的原则是资金管理。在持有头寸之前，应该清楚自己愿意承担多少亏损，设立止损点，且要严格遵守。

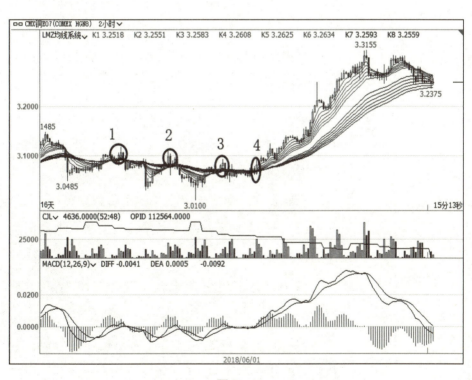

图7－1

在铜1807合约2小时的这张图中，1处是第一个做多信号，执行失败了止损；2处是第二个做多的交易信号，执行失败了止损；3处是第三个做多的交易信号，执行失败了止损；4处是第四个做多的交易信号。

这时，由于前三次的止损，还敢去执行第四个做多的交易信号吗？如果不执行，前面的三次全赔了，第四个交易信号的上涨与你没有关系。所以你最终赔钱了。或者你认为这个交易系统不行，于是换交易品种、换交易方法，结果后面的大涨你又错过了。

如果你执行了第四个交易信号，那么就能把前面三次赔的钱全赚回来，还有盈利。

这时，我们明白了连续交易的重要性了。相信自己的交易系统，去执行它，哪怕是错的，最终一定会赚钱的。

总而言之，期货连续交易的重要意义有：

（1）只有连续交易，才有可能大赚，把前面的小赔赚回来。

（2）只有连续交易才能实现赚大赔小。否则，只能是小赚、小赔，永远做不到大赚。

（3）连续交易是对自己交易系统的充分信任和执行力的体现。

（4）如果做到了连续交易，至少说明你的交易正走向成熟。

本讲投资建议

◆ 连续交易是逮住大波段的唯一手段。

◆ 如果做不到连续交易，大都是赔钱的。

◆ 再好的交易系统及交易策略，如果没有连续交易，想赚钱都很难。

◆ 连续交易体现的是对盈利理念的深度理解。

交易感悟

从小额交易开始。对于初入市场的投资者而言，必须从小额交易起步，且选择价格波动较为平稳的品种介入，逐渐掌握交易规律并积累经验，之后再加大交易规模，并选择价格波动剧烈的品种。

第八讲 交易品种

外盘期货有二十多个交易品种，很多刚接触期货的投资者常常觉得无处下手，有些做期货的投资者抱怨市场没行情，但还是有很多投资者在一些品种当中赚得盆满钵满。为什么会这样？这主要与选择的交易品种有密切关系。为何有些期货品种容易赚钱，而有些品种容易亏钱？是靠运气，还是另有方法？

我们如何在外盘期货中选择适合自己的交易品种，将决定我们的交易成败。下面就具体谈谈怎么选择适合自己的交易品种。

一、只做自己熟悉的品种

如果一开始没有熟悉的品种，就找一个品种，慢慢地研究它，久了自然就熟悉该品种了。只要坚持做，"难赚钱"会变成"容易赚钱"。为什么你难赚钱，而别人就好赚呢？说明别人对这个品种不管是基本面还是技术面，都比你研究得深、透。如果你也关注这个品种，经常研究，熟悉主力的操盘技术，了解品种的习性，你就也容易赚钱了。

在国际期货的交易当中，每一个交易品种在一个时期可能会让你赚钱，在另一个时期也可能让你赔钱。不管是原油、黄金、白银，还是美股、外汇，只要你选定一个品种去认真仔细地研究，它都会变成你赚钱的品种。

千万不要眉毛胡子一把抓，什么品种都做，结果什么品种也没有做好，什么品种也没有赚到钱。

期货警句

把握好"本垒打"。在行情顺利、得心应手时，要充分利用当前的优势，这时是真正需要你紧握桂冠不放的时刻。当你对一笔交易深具信心时，就要给对手致命的一击。对市场判断正确时，就要最大限度地抓住机会放大战果。

二、做趋势强势的品种

什么是趋势强势的品种？就是在周线、日线、小时线都是多头趋势或空头趋势，价格都在所有均线之上，阴线少、阳线多、大阳线多、大阴线少的品种。像这样的品种就是趋势强势的品种。比如 2018 年的美原油就属于趋势强势的品种，如图 8 – 1。

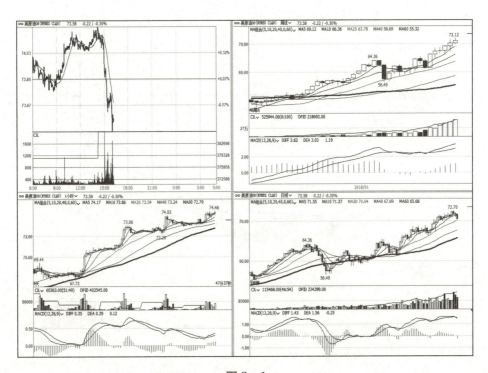

图 8 – 1

图 8 – 1 是美原油 1808 合约，从图中我们看到，价格都在所有均线之上，均线多头排列，阳线多，阴线少，大阳线多。因此，美原油就属于趋势强势的品种，就是我们要选择的交易品种。

三、选择交易品种的5个标准

1. K线形态上完美的品种

K 线形态主要有 W 底、M 头、头肩顶等，特别是一些完美的 K 线形态，加上成交量的配合，都是一些赚钱的形态。有很多投资者都喜欢通过价格形态找入场机会，如图 8-2。

图 8-2

图8-2 就是一个完美的 W 底形态，成交量放大，突破的大阳线就是一个做多的入场点。

2. 趋势明确的品种

趋势明确的品种就是这个品种空头趋势或多头趋势比较明确。判断趋势是否明确，就看 K 线价格是否在所有均线之上或均线之下。如果在所有均线之上，就是多头趋势明确，如果在所有均线之下，就是空头趋势明确，如图8-3。

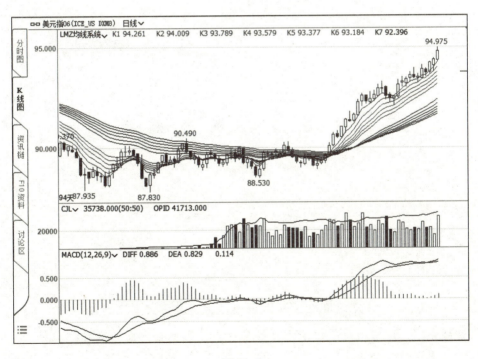

图 8-3

图8-3中的美元指数，价格在所有均线之上平稳运行，这就是多头

强势，趋势明确，是我们应当参与的品种，要重点关注。

3. 止损点好找的品种

好的止损点，往往是止损小、盈亏比大的，好的止损点不容易被市场打掉，建仓的成效高，如图8-4。

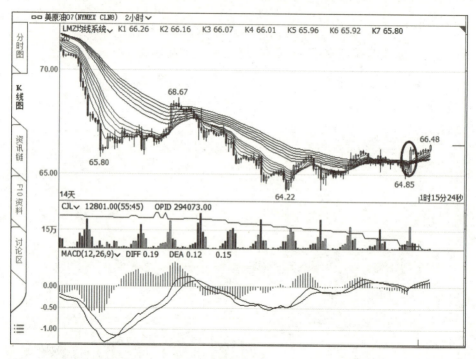

图8-4

可在图8-4中画圈的位置做多单，止损设在大阳线的开盘价，不容易被止损，止损小。一旦上涨，盈亏比大，是一个比较好的参与品种。

4. 符合建仓原则的品种

符合建仓原则就是每一次建仓都必须符合自己交易系统的开仓条件。

任何品种只要符合开仓条件，都是可以选择的交易品种，这也是最简单的选择品种的方法。但前提条件是你必须有自己的交易系统，有自己的开仓条件。

因此，希望大家都建立自己的交易系统，找到符合自己开仓标准的品种交易，不要乱交易。

5. 多周期趋势一致的交易品种

比如周线是做多的趋势，日线是做多的趋势，30 分钟或 1 小时也是做多的趋势，就可以做多单，如图 8-5。

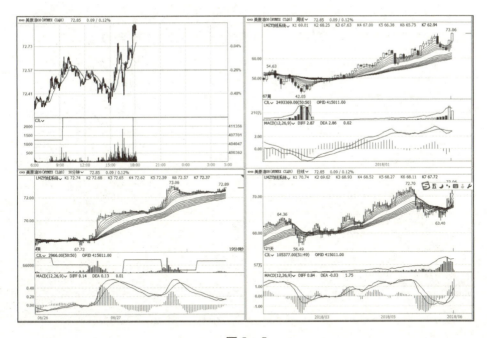

图 8-5

图 8-5 中，美原油在周线、日线和 30 分钟的趋势都是向上，如果 30 分钟出现交易机会就做多单。这就是多周期一致选择交易品种。

——— **本讲投资建议** ———

◆ 交易品种要选择自己熟悉的。

◆ 交易品种不要选得太多，1~2个就可以了。

◆ 选择交易品种时，要考虑到品种的活跃度和成交量。

◆ 多关注多周期趋势一致的交易品种。

交易感悟

我行我素。不要轻易让别人的意见、观点左右自己的交易方向，一旦对市场已确立一个初步的概念，就不要轻易改变。轻易改变交易计划，将使投资者对大势方向的判断动摇不定，并可能错失良机。

第 九 讲　入　场

入场是一个试错的过程，没有任何交易入场就可以保证接下来 100% 赚钱。入场并不是交易的全部，它仅是交易的开始而已。所有尝试寻找"交易圣杯"的人，都一直在寻找完美的入场点。其实，在期货交易中，完美的入场点是没有的，只要符合自己入场标准的入场点都是好的入场点。入场点没有完美之分，只有对错之分。盈利了，让利润奔跑；错了，及时止损，做到小赔。

入场点非常重要，好的入场点意味着交易就成功了一半。什么是好的入场点？每个人的入场点都不一样，但是你的入场点必须符合你的交易系统。如果入场点不好，会很容易被止损或止损非常大，盈亏比不合理，不好设止损，不好持仓。但如果有一个好的入场点，你的止损会比较小，盈亏比大，入场就会很快盈利，你的持仓心态会比较好。

所以，每次入场，你一定要深思熟虑，一定要考虑到止损小不小、盈亏比大不大、形态好不好、位置好不好等一些要素，这样才能找到一个好的入场点。**入场点的好与坏，决定你的交易成败，好的入场点，交易就成功了一半。**

下面谈一谈几种好的入场点：

1. 平台突破入场点

平台突破入场点就是价格经过一段时间的整理后，以一根放量的大阳线或大阴线突破这个整理平台。这根突破的大阳线或大阴线，就是我们的入场点，在这里进入，成功率高，盈亏比大，止损相对较小，如图9-1。

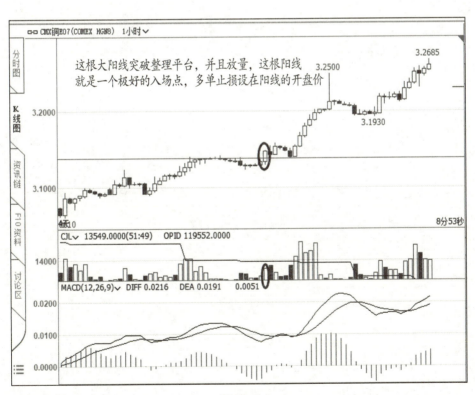

图9-1

2．趋势线突破入场点

趋势线就是在一个上升的趋势中，连接明显的支撑区域（最低点）的直线，和在一个下降趋势中，连接明显阻力区域（最高点）的直线。

当价格以大阳线或大阳线突破趋势线时，就是一个极好的入场点，如图9－2。

图 9－2

在图9－2中画圈的地方，以一根大阴线跌破这根长期趋势线，放出大量，反弹不过趋势线，下跌趋势确立，是个很好的做空入场点，止损设在大阴线的开盘价。

3. 形态突破入场点

当价格突破 K 线的 W 底、M 头等形态，而形成底部或者头部，放量大阴线或大阳线，就是一个入场点，如图 9 - 3。

图 9 - 3

从图 9 - 3 中画圈处，我们可以看出，当价格大阳线放量突破右肩时，回调就是一个好的入场点，止损设在大阳线开盘价。

上面主要讲了几种比较经典的、成功率高、止损小、盈亏比大的入场点，希望对大家有所帮助，接下来谈一下我的入场点。

期货警句

短线和长线：从大部分炒家的成功经历看，他们都有从短线向长线转变的过程。

4. 我的入场标准

根据我的交易系统，我的入场标准主要有以下几点：

（1）两组均线必须聚拢收敛，形成交叉。

（2）大阳线或大阴线突破所有均线组，价格在均线组之上或之下。

（3）大阳线或大阴线必须放出较大的成交量。

（4）MACD线必须上穿或下穿0轴，或在0轴之上或之下形成金叉或死叉。

（5）如果有平台突破最好。

（6）止损设在大阳线或大阴线的开盘价。

多单入场标准：

如图9－4，1处就是一个多单的入场点，短期均线组和长期均线组聚拢，形成金叉，大阳线上穿所有均线组，2处大阳线放量，3处MACD线在0轴之上金叉。因此，在大阳线确立之后，第二根K线逢低做多单，止损设在大阳线的开盘价。

空单入场标准：

如图9－5，1处就是一个空单的入场点，短期均线组和长期均线组聚拢，形成死叉。大阴线下穿所有均线组，2处大阴线放量，3处MACD线在0轴之下死叉。因此，在大阴线确立之后，第二根K线逢高做空单，止损设在大阴线的开盘价。

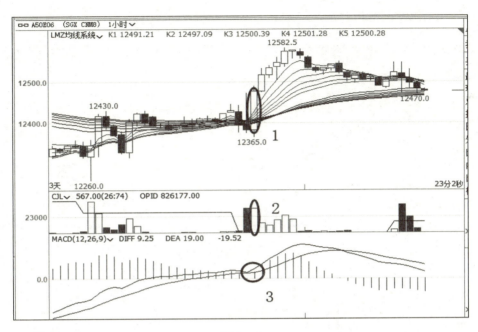

图 9−4

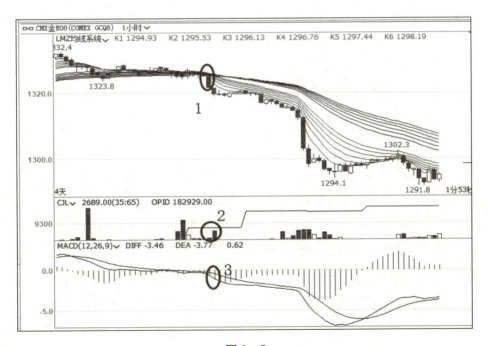

图 9−5

综上所述，在整个期货交易过程中，入场点是我们开始交易的第一步，它有非常重要的作用。好的入场点，决定着交易的成败。

最后分享五不入场原则：

①看不清楚不做。

②止损过大不做。

③盈亏比不大不做。

④逆势不做。

⑤不符合开仓标准不做。

本讲投资建议

◆ 大家一定要根据自己的交易系统，确定自己的入场点。

◆ 好的入场点，是交易成功的一半。

◆ 好的入场点一定是止损小的，盈亏比大的。

◆ 入场标准一定要唯一，不能设好几个。

◆ 不符合入场标准的坚持不入场。

◆ 请大家牢记五不入场原则。

交易感悟

学会观望、稍事休息。每天交易不仅增加投资错误的概率，而且可能由于距离市场过近、交易过于频繁而导致交易成本增加，观望休息将使投资者更加冷静地分析判断市场方向。在投资者对市场判断缺乏足够信心之际，也应该观望，懂得忍耐和自制，以等待重新入市的时机。

第十讲 止 损

当我们有了自己的交易系统之后，开仓是第一步。而你开仓之后，第一件要做的事就是控制损失，不让自己大赔。如何控制损失，就是本讲要谈的止损。

止损是保护本金不大赔的一种手段，做期货的人都知道，在这个市场上能赚多少不知道，但是能赔多少自己知道。**控制自己的损失，让利润奔跑，这是每一个交易者所追求的目标。**

一、不敢面对亏损

在期货交易中，有很多交易者永远对自己的错误视而不见，并且总是在犯错后找出这样那样的理由来使自己所犯的错误合理化。其实，他们所找出的那些理由是否有道理并不重要，重要的是那些所谓的理由是建立在"自己没有犯错"的前提下，通过"选择性过滤"而寻找出来的理由，并不是通过对全部理由进行客观分析而最终得出的正确结论。一句话，他们不承认自己错了。

这种交易者，对待市场上的原因根本无法做到客观分析。事实上，他们并不是用原因来综合分析得出结果，而是站在固定的，并且是自己希望出现的结果的基础上来寻找原因。简单地说，他们不是因为看涨而做多，而是因为做多而寻找看涨理由。这样的交易者在不断对自己进行心理暗示下，慢慢地使自己的信念同市场的客观现实背道而驰。

如果市场最终的走势真的和他们所希望的结果一致的话，对于他们也不会有任何好处。因为这样会使他们的自尊心膨胀，下次就更难面对自己的亏损。这种交易者就是对自己太过于自信，而完全偏离了对市场的客观分析，认为自己比市场厉害，最终赔得最惨。

这样的交易者面临交易出现亏损时，因为相信自己而不愿意止损，当无法承受更大的损失时，而被止损，造成大赔。

二、认为亏损是自己造成的

在期货交易者中，有这样一类交易者，他们根本不允许自己在交易时犯任何错误。如果真的犯了什么错误，他们就会陷入反复自责当中无法自拔。

他们明白市场的生存法则是通过敬畏市场使自己的交易能够保持弹性，他们也明白市场永远是对的，和市场争高低是一件可笑的事情，但是他们还是没有跳出"对错与盈亏具有完全相关性"的怪圈。他们对自己过于苛刻，而把自己根本无法左右的事情，让自己来负责，这种交易者总是和自己较劲。

这样的交易者认为亏损是可耻的，是可以避免的，或者说自己应该为亏损负全部责任。他们由于交易的止损陷入痛苦的自责中而无法自拔，认为止损是自己的错，是方法错，而没有认识到止损是由于价格无序的波动造成的。

这样的交易者，由于没有正确理解止损，不知道止损是在交易过程当中必须付出的成本，只有多次的小止损，才换来将来的大赚。不要怕止损而不敢止损，相反要快乐止损，不要因为止损而影响自己的心态，进而影响自己的操作。

记住：快乐止损，轻松盈利。

三、认识到亏损的合理性

在期货交易中，如果你能承认亏损的合理性，并且能够认识到交易止损是正常的，每次交易都有可能被止损，那么你的交易行为才不会畏首畏尾，做到得心应手。否则该止损时不止损，这种不果断的心理，最终必将造成大赔的结果。但无论如何，这个时候的交易者还是希望能最大限度地规避亏损，只不过他们把获得利润看得比避免亏损更重要。

因此，大家必须认识到，在这个市场上，交易亏损是合理的，学会接受合理的亏损。

四、认识到盈利与亏损是一样的

交易者已经意识到盈亏是他们左右不了的事情，只能从宏观上去寻找交易的概率优势，而每一次交易的得与失只能交给市场来决定。这时就会发现，在交易时无论是盈利还是亏损，都是在不断地做同一件事情。

规避了亏损，也就规避了利润。如果说交易方法是具有正期望收益的话，那么避免亏损就是一件不划算的事情，也许这时的交易者已经开始思考交易的本质到底是什么。

我们要认识到，市场交易的目标是盈利，在盈利前，适当的亏损是我们必须要接受的，并且应当快乐地去接受它，在交易中盈亏是分不开的。

五、盈亏是概率

当交易者明白除了寻找宏观的概率优势外，对市场根本无能为力时，交易者就会明白盈利的交易来自于交易中的不断止损。

交易者要把自己置身于市场 K 线的跳动之外，清楚每次交易盈亏都是概率游戏，唯一要做的就是赔的时候要小赔，赚的时候要大赚，用小赔换取大赚，通过盈亏比实现稳定盈利。

如果认识到这一点，就是一个交易者成熟的标志，而这需要很长时间来慢慢磨炼。认识到这一点之后，交易者对交易结果将从"依赖"转变为"顺其自然"，对交易信仰将从与市场的"对抗与争斗"转变为"包容与融合"。

这时的交易者，已不再惧怕亏损，不再因为盈亏而或喜或悲，心态会变得非常平静、自然。这样，就会在不知不觉中开始稳定盈利了。

通过上面的分析，我们对亏损有了正确的认识，那么在交易过程中，如何进行止损？又如何做到小赔？下面我们来分析这个问题：

（1）止损设在什么位置？止损一般设在均线聚拢交织的地方，大阳线或大阴线的开盘价，箱体的上下沿，如图 10 - 1。

期货警句

最好的交易方法是在交易前就全面考虑。必须设计一套能应付多种偶发事件的交易策略，同时还应制定一个能保住胜利果实的长远目标，还可以利用趋势追踪系统来提醒投资者出场的机会，避免过早获利回吐。

期货警句

大部分交易员赚少亏多的主要原因是交易过量。

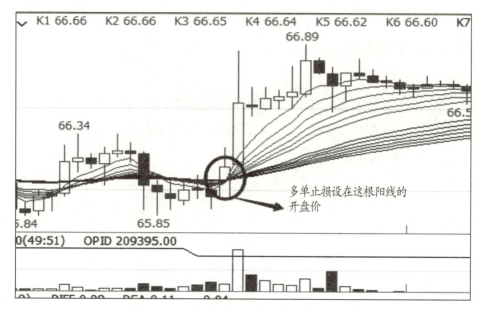

图 10 - 1

（2）止损设多大？止损的大小要根据交易者的承受能力，一般来说，底仓的止损，不能超过交易者本金的2％。不能把止损设得太大，太大了就做不到小赔。

（3）采取什么样的止损方式？有以下几种方式：

①均线止损：以均线来止损，如10日均线或20日均线。

②K线止损：以一根K线的开盘价或最高价止损。

③固定止损：以波动点数来止损，比如波动30个点止损或50个点止损等。

不管采用哪种方法止损，都没有好坏之分，关键是要做到小赔。

我的止损三原则：

（1）下单必须设止损，止损设好后，不再变动。

（2）止损设在大阳线或大阴线的开盘价。

（3）止损金额不超过本金的2%。

止损在整个交易过程中是保障不大亏的一道屏障。只有保护了本金，才有资本交易下去。凡是大赔的都是止损出了问题的，不要有任何侥幸而不去设止损，也不要有任何小聪明去改变止损点。

执行止损计划很难，但是为了不大赔，为了小赔大赚，再难也要坚持，要把执行止损变成一个交易习惯，只有这样大亏才能远离你。

本讲投资建议

◆ 止损，是你交易的全部；没有止损，就没有交易。

◆ 止损是盈利的前提，没有止损，就没有盈利。

◆ 让下单必带止损，成为你的交易习惯。

◆ 止损三原则：①下单必须设止损，止损设好之后，不再变动；②止损设在大阳线或大阴线的开盘价；③止损金额不超过本金的2%。

◆ 交易从练习止损开始。

◆ 不惧怕亏损，不再因为盈亏而或喜或悲，心态会变得非常平静、自然。这样，你就会在不知不觉中开始稳定盈利了。

◆ 在盈利前，适当的亏损是我们必须要接受的，并且应当快乐地去接受它，在交易中盈亏是分不开的。

◆ 在这个市场上，交易亏损是合理的，学会接受合理的亏损。

交易感悟

设置严格且合理的止损。交易前投资者必须设置严格的止损，以将可能发生的亏损控制在可以忍受的范围内，止损范围设置过宽将导致亏损较重，止损范围过窄将导致持仓被较小的亏损轻易振荡出局，从而失去盈利机会。

第十一讲　持　仓

持仓在整个交易过程中，是非常重要的一个环节。如果你不会持仓，你绝对不可能出现大赚，所以俗话说："会买的是徒弟，会持仓的才是师傅。"

什么是持仓？持仓就是依据自己的交易系统，建仓之后，设好止损，不破止损，一直持有你的仓位，不到止盈标准，一直持有你的仓位，这个过程就叫持仓。

顺势持仓可以让你大赚，让利润奔跑。

逆势持仓可以让你大赔，一直到爆仓。

因此，我们常说的持仓是顺势持仓，如图11-1。

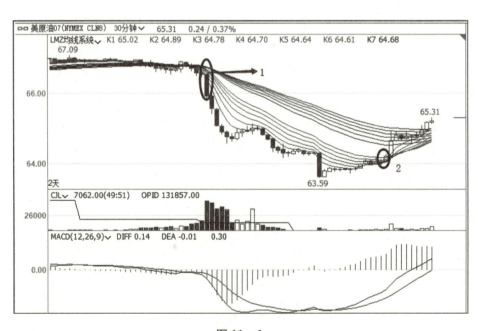

图11-1

图11-1中，1处建仓空单，止损设在大阴线的开盘价，价格在所有

均线之下，是空的趋势，所以做空单是顺势操作。2 处
是止盈点，价格突破短期均线组。在 1 和 2 之间，如果
价格不破空单的止损，那么空单要一直持有到 2 处，
止盈空单。

在 1 到 2 这个过程中，要一直持有空单头寸，这样
会让空单利润最大化，实现大赚，这就是顺势持仓，
但是交易者要承受市场波动带来的持仓压力。

我们再来看看什么是逆势持仓，如图 11 - 2。

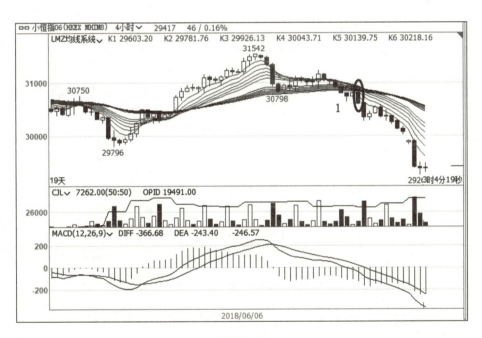

图 11 - 2

从图 11 - 2 中，在 1 处画圆圈的地方，建仓多单，并且一直持有，
会有什么结果呢？首先 1 处价格在所有均线之下，是空的趋势，如果做
了多单，这就是逆势操作。其次，如果不设止损，一直持有多单头寸，

会让小赔变成大赔，直到爆仓。

综上所述，我们在交易时，一定要持有顺势单子，让利润最大化，坚决不持有逆势单子，严格止损，把止损控制到最小。

我们知道，持有顺势单子，市场提供单边机会时，一定会大赚，让利润奔跑。但是实盘交易过程中，想持续持仓真的很难，大部分人都做不到，所以大部分人都是小赚，做不到大赚。

为什么总是做不到顺势持仓，让利润最大化呢？下面我们来做一下分析：

1. 没有波段操作的概念

在许多交易者的交易理念中，本身就是想着赚一点就跑，所以就不可能去持仓，也就不可能出现大赚。

2. 太过关注盘面的波动

建仓之后，交易者总是不停地去关注盘面K线的变化，看着盘面一会涨、一会跌，心情波动很大，这会影响其持仓心态。可能某个波动，就改变了交易者原来持仓的想法，忘记了交易规则，结果就小赚出局了。

3. 太过关注基本面及消息的影响

建仓之后，有些交易者喜欢关注持仓品种的各种消息，如参考分析师、报纸、杂志等的相关意见。这些意见有好的，也有坏的。如果好的多于坏的，交易者就会放松风险的警惕，结果导致大赔。如果意见是坏的，交易者就难以持有头寸，提前止盈出局，无缘大赚。

所以最好的办法，就是不听消息，不参考别人的意见，按自己的交易系统的进出场标准操作，大胆果断地持有仓位。

4. 太过于关注盈亏波动

持仓之后，随着价格的波动，盈亏也在波动。当交易者看着由赚很多变成赚很少的时候，第一想法就是落袋为安，生怕赚的钱跑了。什么按规则止盈、坚持持仓，全都变成一句空话，或者早就忘记了，结果就是冲动止盈出局。

因此，许多交易者都说持仓是一个痛苦的过程，只有做到了大胆持仓，才有可能大赚。不能克服持仓的痛苦与寂寞，大赚永远不会到来。持仓考验的是执行交易系统的能力。

那么如何才能做到大胆持仓呢？

首先，构建自己的交易系统，明确自己的建仓、平仓标准，特别是对止损标准和平仓标准的执行。不符合平仓标准，坚决持仓，只相信自己的标准。

其次，不要太多关注盘面、消息及基本面的变化，关注得太多，会影响交易者对交易系统的执行力，特别是在账户出现浮亏时，会怀疑交易系统。

最后，要学会舍得，不要对得失看得太重，应是**严**

期货警句

止损设置于入市之前。大多数巨额亏损都是因为入市前未设置止损造成的。

期货警句

以人为本，设置止损。止损的设置要根据每个账户的不同承受能力和资金状况，区别对待。

期货警句

止损的关键是执行。

止损，宽止盈，盈利时设个保本线，剩下的就交给市场去波动，唯一要关注的是什么时候达到平仓标准，就什么时候果断平仓出局。

--- **本讲投资建议** ---

◆ 顺势持有仓位，让利润最大化。

◆ 对止损严格苛刻点，对盈利宽松一点。

◆ 持仓是一个痛苦、孤独的过程，熬过来了，就成功了。

◆ 在仓位出现亏损时持仓，是最痛苦的持仓。坚持一下，就有可能大赚。

◆ 不能克服持仓的痛苦与寂寞，大赚永远不会到来。

◆ 逆势持仓可以让你大赔，一直到爆仓。

◆ 大胆持仓，是你实现大赚的唯一方法。

交易感悟

投资者用来投机的资金，必须是可以输掉的闲钱，不要动用其他资金或财产。如果是用生活开支投机期货，则投资者可能由于较多的牵挂而无法做出正确的判断，最终导致投机失败。盈利后，拿出盈利的50%投资不动产。

第十二讲　加　仓

加仓是在原有仓位的基础上继续增加仓位的一种交易行为。正确合理的加仓，可以让利润最大化，实现大赚。

大家都知道，买、卖与资金管理三者之间，最容易的是买入，最难的是资金管理，也就是行业内说的老话**"会买的是徒弟，会卖的是师傅，会做资金管理的是祖师爷"**。这话十分在理。

所以加仓是锦上添花的事情，合理的加仓可以让利润最大化，但是逆势加仓或在亏损的单子加仓，则会让自己倾家荡产，血本无归。

因此，加仓一定是在顺势盈利的单边趋势中进行加仓。

下面我们来谈谈几种最简单的加仓方式。

一、正向顺势加仓

正向顺势加仓就是沿着趋势行进的方向逐步加仓，如图12-1。

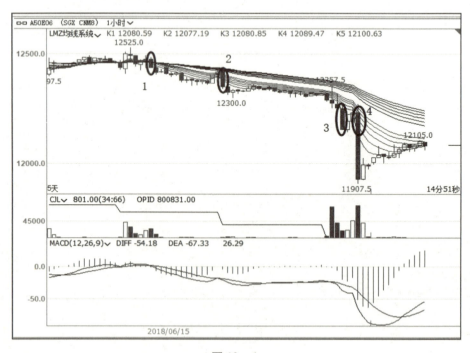

图 12-1

这是新加坡 A50 指数的 1 小时图，从图上看这是一个明显的空头趋势。因此，在 1 处建仓空单 1 手，在 2 处加仓空单 1 手，在 3 处加仓空单 1 手，在 4 处加仓空单 1 手，这就是正向顺势加仓。它的好处就是在盈利的单子上加仓，加仓的风险小，加仓之后，做好盈利保护，可以让利润最大化。不足就是加仓的仓位越大，成本就越高，如果没有止盈保护，会因为加仓而最终导致大赔。

二、反向逆势加仓

反向逆势加仓就是反着趋势进行逆方向的加仓操作。在大部分市场波动的情况下，采用逆向加仓可以逐渐摊薄市场成本。市场价格在不断逆势加仓后，只需要价格有一个反向波动，就能够将亏损弥补回来。而如果价格再往有利的反向波动多一些，这时的盈利会更大。这也是很多交易者喜欢逆势加仓的原因。

但是，逆势加仓有一个致命的弱点，即不断的反向加仓会让交易者的资金变得紧张，而这时价格还没有反向波动，那么仓位是极重的，极易造成爆仓。其实，在实盘交易当中，大部分投资者，都是因为逆势加仓，而没有等来反向波动，而导致爆仓或大赔。如图 12 - 2。

期货警句

期货市场就像非洲的原始森林，最重要的就是求生存。

期货警句

技术分析的原则：务求简单，要简单到不必用大脑的地步，不必迷信复杂的技术分析法。

期货警句

对自己准备运用的系统必须经过时间和实战的检验。

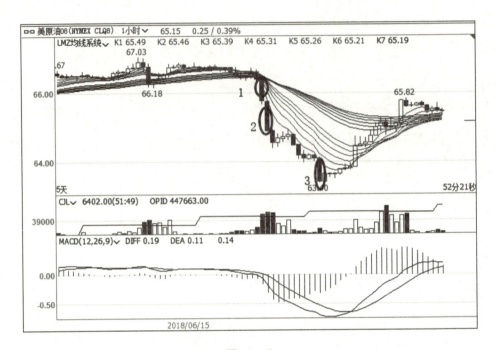

图 12 – 2

看上图，趋势明显是空的趋势，但是此时原油的日线是多的趋势，长期看涨，因此在 1 处下跌时，交易者建仓了 1 手多单，在 2 处又加仓 1 手多单，在 3 处下跌时又加仓 1 手多单。通过 2 次加仓，交易者的建仓成本降低了，当原油有反弹时，就可以很快盈利，但是如果没有反弹，而交易者的资金不足，就很可能爆仓，而赔完所有本金。

所以，坚持正向顺势加仓，杜绝反向逆势加仓。

三、金字塔加仓法

所谓"金字塔加仓法"，用简单的例子来说，就是在第一次投入 5 万元购买某品种，第二次投入 4 万元买同一个品种，第三次投入 3 万元再买该品种，每次投入数额都比上一次少。由于此法多半用于"追涨"，所以每次加仓的价位都比上一次高，购买的数量也比上一次少，画出来就像一个底部大顶尖小的金字塔，所以叫金字塔加仓法。如图 12 – 3。

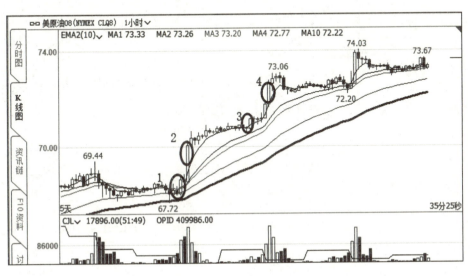

图 12 – 3

上图是美原油的 1808 合约，交易者在 1 处建仓多单 5 手，在 2 处加仓 3 手，在 3 处加仓 2 手，在 4 处加仓 1 手，这就是标准的金字塔加仓法。

四、我的加仓理念及方法

下面来分享一下我的加仓理念及方法：

1. 加仓理念

（1）只在盈利的单子上加仓，顺势加仓。

（2）加仓是锦上添花的事情，是好上更好。

（3）加仓的单子，绝不亏钱出局。

2. 加仓方法

（1）大 K 线后的第二根 K 线加仓，大 K 线必须放量。

（2）等量加仓（底仓是 1 手，那就再加 1 手）。

（3）要在盈利 10% 以后加仓（浮盈与保证金相比）。

（4）加仓之后一定要做好盈利保护，一般止盈线放在大 K 线的开盘价。

（5）以后每一次加仓，一定要把止盈线设在大 K 线的开盘价。

（6）加仓最多不越过 5 次，前 2 次加仓可以等量加仓，最后几次加仓每次加 10% 左右就可以了。总仓位不越过 70%。

（7）加仓一定要在一个周期里加仓，不要多周期加仓。

（8）当有大幅盈利后，止盈一定要越来越小，保护利润才是第一位。

3. 加仓意义

盈利加仓，可以让利润最大化，只要市场提供加仓机会，通过 3 ~ 5 次的加仓，可以使自己的资金翻倍，如果加仓失败，也是赚钱出局。

期货警句

要有耐心在场外等候系统发出的操作信号，一旦建好仓位，还要有耐心持仓不动，直到系统发出反转信号为止。

期货警句

必须严守原则，依照系统所指的信号去操作。

期货警句

只有在市场展现出强烈的趋势时，才放手进场。

　　止损永远是底仓的小赔，加仓将是重仓的盈利，只有这样，才能做到赚大赔小，才能真正做到大的盈亏比。

　　下面举例来说明如何加仓，如图 12 - 4。

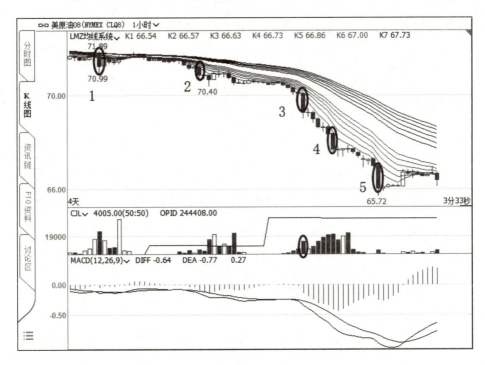

图 12 - 4

　　我们来分析：

　　1 处原油价格在所有均线之下，并且均线聚拢交织，均线向下，放量大阴线跌破所有均线。MACD 线在 0 轴以下，符合开仓空单的条件，由于均线聚拢交织，所以在 71.50 建仓 1 手空单，止损设在大阴线的开盘价 71.89，如果操作失败，这一笔损失 300 美元，持仓等待下跌。

2 处出现大阴线，并且放量。在 70.80 左右等量加仓 1 手空单，第一时间把止损线移到成本均价线之下一点。确保加仓之后，如果加错仓，可以赚钱出局，也可以把止损线移到大阴线的开盘价，然后持仓待跌。

3 处又出现大阴线，放量。在 69.30 左右等量加仓，加仓 2 手，这时总仓位是 4 手，第一时间把止损移到这根大阴线的开盘价。做好盈利保护，然后持仓待跌。

4 处又出现放量大阴线，在 67.70 左右等量加仓 4 手空单，第一时间把止损设在大阴线的开盘价，到这里总持仓是 8 手空单，持仓待跌。

5 处又出现放量大阴线，在 66.19 左右加仓 2 手空单，第一时间把止损设在大阴线的开盘价。到这里总持仓是 10 手空单，持仓待跌。

以后再没有出现大阴线，原油开始反弹，并且在 66.98 处碰到止损线，止盈出局。下面来算一下这波操作的盈利情况：

①底仓 1 手盈利 $1 \times (71.50 - 66.98) \times 1000 = 4520$ 美元

②2 处加仓 1 手空单 $1 \times (70.80 - 66.98) \times 1000 = 3820$ 美元

③3 处加仓 2 手空单 $2 \times (69.30 - 66.98) \times 1000 = 4640$ 美元

④4 处加仓 4 手空单 $4 \times (67.70 - 66.98) \times 1000 = 2880$ 美元

⑤5 处加仓手空单 2 × (66.19 - 66.98) × 1000 = -1580 美元

⑥10 手的手续费 = 10 × 40 = 400 美元

总盈利：4520 + 3820 + 4640 + 2880 - 1580 - 400 = 13880 美元

如果你的本金是 10000 美元，一个晚上你的资金就可以翻倍，这就是盈利加仓的好处，一旦你遇到大的行情，通过几次加仓，就可以实现资金翻倍。

本讲投资建议

◆ 加仓只可以在盈利的单子上加仓。

◆ 加仓的单子不可以亏钱出局。

◆ 加仓第一时间要做好盈利保护。

◆ 要顺势加仓，不可以逆势加仓。

◆ 加仓的优势是，当你盈利时，仓位最大，所以资金翻倍。

交易感悟

亏损持仓一般不宜加码。当投资者持仓方向与市场价格波动方向相反、持仓处于亏损之际，除了投资者准备了充足资金进行逆势操作之外，一般地说，投资者不宜加码，以免导致亏损继续加重、风险不断增加的不利局面。

第十三讲　止　盈

止盈在整个交易过程中，是最要的一环。我们常说："会买是徒弟，会卖的才是师傅。"这个"会卖"，在期货交易中，就是止盈。

止盈，是对盈利的一种保护，同时也代表一次交易的结束。在期货交易中，正是因为有很多人不会止盈，由赚钱变成了赔钱，或由大赚变成了小赚。这些都是由于不懂止盈而造成的。

什么是止盈？止盈就是在交易系统中达到平仓条件时获利了结的交易行为，凡是不符合平仓条件的止盈，都不是正确的止盈。

一、止盈方法

1. 静态止盈

静态止盈是指设立具体的盈利目标位。一旦到达盈利目标位时，要坚决止盈，这是克服贪心的重要手段。静态止盈位就是所谓的心理目标位，其设置的方法主要依赖于交易者对大势的理解和对交易标的的长期观察。所以，确定的止盈位基本上是静止不变的，当价格涨到或跌到该价位时，立即获利了结。

目标位止盈适合于日线或周线级别的大周期交易者，属于稳健型投资者，他们不喜欢频繁操作，但是这种方法不适合短线投资者。静态止盈考验的是投资者的持仓心理。

2. 动态止盈

动态止盈是指当持仓已经有盈利时，由于价格形态完好或趋势完好，交易者认为后期还有继续上涨或下跌的动力，因而继续持仓头寸，一直等到价格出现回落或反弹，当达到某一标准时，交易者采取获利卖出的操作。

动态止盈的设置标准：

（1）按价格回撤幅度。

价格与收盘价相比，减少 3% ~ 5% 时止盈卖出。特别是在程序化交易中，很多都采用价格回撤幅度来止盈。

（2）均线止盈。

在上升趋势或下降趋势中，价格跌破或突破某条均线止盈，比如 20 日均线是大部分投资者采用的止盈线。

（3）技术形态止盈。

当价格上升到一定阶段或下降到一定阶段时，出现滞涨或滞跌的形态时止盈，并且构筑各种头部和底部形态时，要坚决止盈。比如 M 头、头肩顶、W 底等。

在趋势跟踪交易中，止盈就是执行自己的平仓标准，不达到自己的平仓标准，不提前止盈，也不滞后止盈。

所以，要想在期货交易中，做好止盈这一步，你**必须制定好自己的平仓标准，这个标准一定是唯一的，**

期货警句

制定你的计划并从所有智囊团成员那儿寻求知识和信心。

期货警句

远离使你产生自卑感的所有人和环境，消极的环境不可能培养出积极的自我。

期货警句

切断和过去不愉快经验的通路，拥有强大的意志力的人不会老是眷恋过去，他们对于尚未达到的目标抱着强烈的欲望而更有活力。

这就是止盈的一致性。止盈考验的是持仓心态及达到止盈标准时的果断执行力。

二、我的止盈标准

下面来给大家分享一下我的止盈标准。

1. 大阴线或大阳线止盈

建仓之后，如果遇到急涨或急跌，在相对高位出现放量大阳线，止盈，在相对低位出现放量大阴线，止盈。如图13－1。

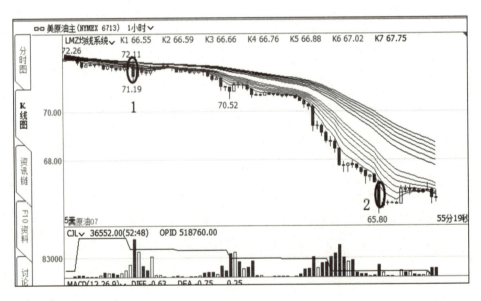

图 13 － 1

图13－1中，在1处建仓空单之后，经过大幅下跌，在2处出现了放量大阴线，这里就可以止盈了。

2. 价格突破短期均线组止盈

建仓之后，价格运行平稳，波动比较小，一直在短期均线之上或之下运行，当突破短期均线组时，就止盈。如图 13 – 2。

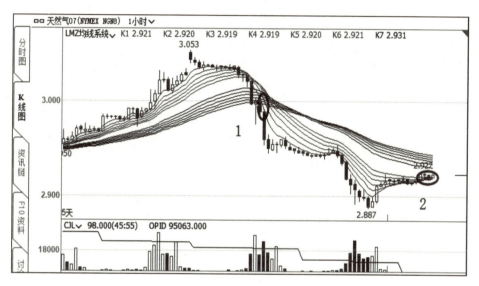

图 13 – 2

图 13 – 2 中，在 1 处建仓空单之后，价格一直在短期均线组之下运行，终于在 2 处突破短期均线组，止盈。

3. 价格突破长期均线组止盈

建仓之后，价格没有大幅的上涨或下跌，而是在长期均线之上平稳运行，当价格突破长期均线组时，止盈。如图 13 – 3。

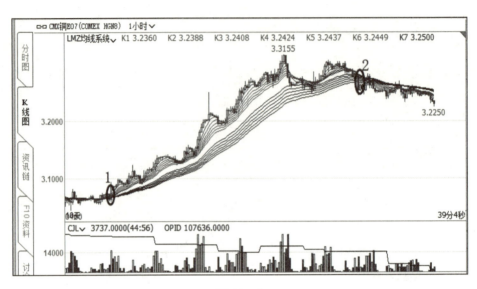

图 13 – 3

图13 – 3 中，在 1 处建仓之后，价格一直在长期均线组之上运行，在 2 处价格突破长期均线组，止盈。这种止盈方法，对于大波段来说，会有比较大的利润，但是对于小波段，可能就没有利润或只是保本。

总之，在期货交易过程当中，每个人都有自己的止盈方法。止盈方法没有好坏，只要符合自己的交易系统的平仓标准就可以了。

止盈的最大难点：怕赔的心理，盘面的波动，会动摇你持仓的信心，让你无法执行自己的止盈标准。

所以，克服怕赔的心理，明确止盈标准，持仓会更加大胆，会更有目的性，止盈就变得简单了。

本讲投资建议

◆ 止盈就是保护持有头寸的利润。

◆ 止盈的标准一定要明确、简单。

◆ 移动止盈，可以让你的利润最大化，资金回撤小。

◆ 要想赚大，一定要坚持不达止盈条件，决不止盈。

◆ 止盈的最大难点：怕赔的心理，盘面的波动，会动摇持仓的信心，让你无法去执行自己的止盈标准。

◆ 克服怕赔的心理，明确止盈标准，持仓会更加大胆，会更有目的性。

交易感悟

市场交易最引人入胜处在于自己永远具有改善自己能力的空间。从事其他行业的人，也许可以用其他方法弥补自己原先的错误，但作为交易员必须直面错误，因为数字是不会骗人的。

——马丁·舒华兹

第十四讲　胜率与盈亏比

赚钱，是交易者在交易中最想获得的结果，我们为了能赚到钱，主要有两种方法：一是不断提高交易胜率；二是不断扩大盈亏比。从理论上来讲，盈亏比是与胜率成反比例关系的，它们之间是相互制衡的，盈亏比越高，相对的胜率就会越低，反之，盈亏比越低，相对的胜率就会越高。那么在交易中，是胜率重要，还是盈亏比重要呢？

一、盈亏比比胜率更重要

首先，盈亏比是在多次交易以后，用赚钱的平均盈利点数除以止损的平均亏损点数得到的比率，如果每笔交易盈利 100 美元，但止损 20 美元，那么盈亏比就是 5:1。如果每笔交易盈利 100 美元，但是每笔止损是 50 美元，那么盈利比是 2:1，也就是说，平均赚 10 美元就要付出 5 美元的止损，但是最终还是赚了 5 美元。

其次，我们来看胜率。胜率就是获胜的概率，比如我们做 10 次交易，8 次盈利，胜率就是 80%。但是如果我们盈利的 8 次只赚 100 美元，而亏损的 2 次却赔了 200 美元，那么我们还是把本金赔去了 100 美元。结果还是赔钱，这就说明，虽然胜率是 80%，但是做不到赚大赔小，仍然还是赔钱。

因此，我们就得出一个结论，在这个市场上最终能不能赚钱，不是胜率决定的，而是盈亏比决定的。胜率高不一定赚钱，但是盈亏比高一定可以赚钱。

我们在交易当中，不要去追求高胜率的方法，而应重点放在每一次交易的盈亏比上面，只有提高了交易的盈亏比，最终才能赚钱。

二、胜率与盈亏比影响最终盈利

如果你的交易系统胜率在 60%～70%，盈亏比达到 1∶1 左右，即可实现盈利；如果胜率为 50% 左右，盈亏比为 1∶1 或者 0.5∶1，那你的交易系统就是无效的；如果胜率低于 40%，而盈亏比达到 3∶1，那交易系统就较为合理，如果是 2∶1，交易风险就比较高了。

据国外数据统计，"专业的交易者，胜率经常低于 40%"。作为一名普通的投资者，你的胜率不可能太高。在胜率低的情况下，只能去提高盈亏比来实现盈利。

三、提高盈亏比才是盈利的关键

盈亏比 = 盈利/亏损，要想提高盈亏比必须增大分子，减小分母。做到这两点的方法就是提高每笔交易的盈利，降低每笔交易的亏损，就是"**截断亏损，让利润跑**"。

用这个方法时，我们难以控制利润能"跑"多远，但却能控制每笔交易的最大亏损幅度，也就是常说的止

期货警句

学会休息，什么时候心态调整好了才能再次入场。

期货警句

先设止损才能操盘。切忌下"随手棋"。

期货警句

注意积累经验。

注意对一些特殊的图形构造和波动形态的分析，争取在行情发动之初进场交易。

损。为每笔交易设定最大的亏损幅度, 或者说是定好出场条件, 一旦达到条件, 就算亏损也要卖出, 从而控制亏损幅度, 不至于大幅亏损被深度套牢。这也是止损重要的原因之一。如果做到了严格止损, 控制了亏损幅度, 让利润奔跑, 最终就能实现盈利。

虽然盈利的幅度难以控制, 但盈亏时的持仓大小却是可控的, 这里就涉及提高盈亏比的第二个方法——仓位管理。减小亏损的仓位, 加大盈利的仓位, 同样也能提高盈亏比。如图 14 – 1。

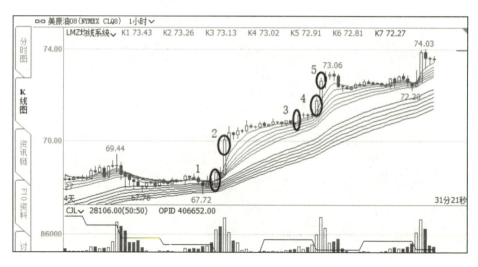

图 14 – 1

我们看上图, 这是美原油 1808 合约, 在 1 处建仓多单 1 手, 止损设在这根阳线的开盘价, 如果被止损, 亏损 100 美元, 结果没有止损, 通过在 2、3、4、5 处的 4 次加仓, 做到盈利时仓位最大, 实现了大赚。这就是实战中止损时小仓位、盈利时大仓位的仓位管理法。

要想在期货市场赚钱，必须做到两点：一是在仓位一定的情况下，止损足够小，盈利足够大。二是止损的仓位足够小，盈利的仓位足够大。

通过对胜率和盈亏比的学习，在以后的交易中，我们应做到以下几点：

（1）不要追求完美的、长期高胜率的交易系统，因为在这个市场上它们不存在。

（2）把交易的重心从追求高胜率，转到如何提高盈亏比上来。

（3）在每一次开仓时，首先要考虑的是盈亏比大不大。

（4）要想在这个市场赚钱，你的盈亏比一定要大。

期货警句

要有一颗平常心。

要善于独立思考，不人云亦云。

期货警句

获利的单子值得耐心持有。

本讲投资建议

◆ 正确理解，盈亏比比胜率更重要，我们要追求大盈亏比的交易。

◆ 学会提高盈亏比的两个方法：一是通过止损来提高盈亏比，二是通过仓位来提高盈亏比。

◆ 要明白，只有提高盈亏比，才能做到赚大赔小。

◆ 盈亏比跟胜率相互制衡，盈亏比越高，相应的胜率就会越低，反之亦然。

◆ 盈亏比比胜率更重要。

交易感悟

　　未入市前必须摆下止损盘，止损盘要切切实实的，不能自欺欺人的心中有止损，手中无止损。入市的交易单要伴以离市的止损单，以确保在一定价位立即斩仓离场。即便入市后只有五分钟，当你感到有危险的时候，也要毫不犹豫地平仓，不要管别人怎么想。

——米高·马加斯

第十五讲 仓 位

在期货交易中，仓位的轻重，对交易的成败至关重要。很多爆仓交易者，都是由于没有控制好仓位造成的。

在期货市场有这样一个公式：**重仓＋逆势＋不止损＝破产**，凡是在期货市场死掉的人，基本上都符合这个公式。其中重仓、不止损都是仓位管理出了问题，才造成这种结果。

那么在交易中，我们如何才能管理好自己的仓位，让自己实现盈利呢？下面我们就来谈谈仓位管理。

仓位管理就是在期货交易中，通过对仓位的控制，来控制交易风险，使自己做到赔钱时仓位最轻，赚钱时仓位最重，以此来实现盈利。

一、赔钱时仓位最轻

如何做到赔钱时仓位最轻？我的方法是这样的：每一次的交易都从试仓开始，确定了交易品种后，先拿总资金的5%去试仓，仓位很轻。再用总资金的1%去止损，如果这次操作是亏损的，由于仓位轻，止损又小，所以损失也小。如果每一次的交易都是这样，那么如果是亏损的交易，则每次的亏损都非常小，这样就真正做到了小赔。

所以，我做到小赔的方法就是：

（1）试仓（底仓）小仓位。

（2）试仓（底仓）小止损。

下面我们通过图表来说明如何通过仓位管理做到小赔，如图 15 – 1。

图 15 – 1

图 15 – 1 中，画圈的这根阴线的第二根 K 线处开仓空单。如果开仓 1 手空单，止损设在阴线的开盘价，这个点是试仓单，小仓位，只有 1 手，小止损，错了只赔 140 美元，这就做到了小赔。如果没有被止损，结果盈利 2000 美元，这样就做到小仓位小止损、大盈利。

二、赚钱时仓位最重

如何做到赚钱时仓位最重？我的方法是这样的：我的试仓单实现了盈利，证明建仓是正确的。通过在盈利的单子上数次加仓，及盈利保护，来实现大赚。这时仓位是最重的。由于仓位重，只要价格按持仓的方向发展，利润会越来越大，再加上及时的盈利保护，会在很短的时间内，做到大赚，让资金翻倍。

所以，我赚钱时重仓的方法就是：

（1）盈利加仓。

（2）及时盈利保护。

下面我们用图表来说明盈利时仓位越来越重，如图 15 – 2。

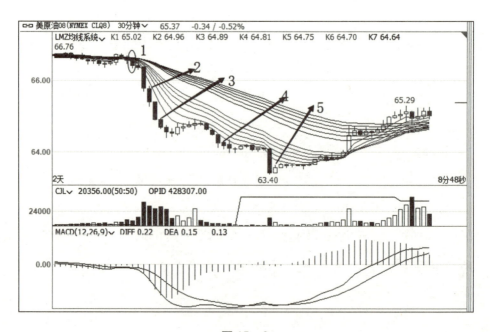

图 15 – 2

图15 – 2 中，我的加仓原则是：逢大阴线第二根 K 线加仓或破平台加仓；前二次加仓可以与底仓单等量加仓；后面的加仓，每次加 5% ～

10%，总仓位不过 70%。详细解说如下：

①在 1 处建仓空单 1 手，空单盈利。

②在 2 处前面有大阴线，所以等量加仓 1 手空单，止损设保本线以下，小赚即可。

③在 3 处前面出现大阴线，所以等量加仓 2 手空单，止损线设在大阴线的开盘价。

④在 4 处跌破下跌平台，加仓 1 手空单，止损设在大阴线的开盘价。

⑤在 5 处前面出现大阴线，加仓 1 手空单，止损设在大阴线的开盘价。

在 5 处加仓之后，价格没有继续下跌，开始反弹，于是在大阴线开盘价止盈，止盈时是 6 手，这就是盈利时仓位重。

以上就是我的仓位管理的方法及理念，再次强调**仓位管理的精髓：亏损时小仓位小止损，赚钱时大仓位大盈利。**

期货警句

亏损的原因：

● 大部分投资者经常更改交易系统，倘一失手，即改用另一套交易系统，甚至在交易系统发出信号可以入市时，仍不愿意按信号执行等。

● 盲目摸顶和抄底使投资者遭受了巨大的损失。市场是客观的，它有着一般投资者无法预测的客观走势。我们要做的是跟踪趋势而不是预测趋势，把握目前市场发生的一切，积极思考在目前的市场中怎么去顺势而为。

———— **本讲投资建议** ————

◆ 明白仓位管理的精髓：亏损时小仓位小止损，赚钱时大仓位大盈利。

◆ 重仓的方法：一是盈利加仓；二是及时保护利润。

◆ 仓位管理决定着交易的成败。

◆ 重仓＋逆势＋不止损＝破产。

◆ 再好的交易系统，如果没有好的仓位管理，仍然会赔钱。

◆ 胜率在40%以下的交易系统，如果做好了仓位管理，仍然能赚钱。

◆ 重视仓位管理，就是重视自己的钱袋子。

交易感悟

交易要时时刻刻反思自己，当你盈利的时候，心态肯定是好的，这个就不用管它。当亏损的时候，你止损了，你应想，你完成了这笔交易，亏损也是这个交易的一部分，你应该对自己的执行力予以肯定。

——韩剑

第十六讲 交 易 周 期

有的人喜欢在长一点的周期中交易，比如日线、周线等。而有的人喜欢在短一点的周期中交易，比如15分钟、30分钟、1小时等。

在不同的周期中交易，对交易者的资金、心态、性格都有不同的要求。在大周期中交易，需要交易者的资金量要大、性格要沉稳、不追求暴利，适合不想盯盘、不想频繁操作的投资者。在小周期中交易，交易者的资金不需要有多大，优势是止损小、风险小，但需要盯盘。由于小周期的不确定性，会造成频繁操作，交易成本比较高。

总之，不管是大周期交易，还是小周期交易，一定要结合自己的资金、交易性格及交易系统来决定。至于大周期好，还是小周期好，仁者见仁，智者见智，没有好坏之分，适合自己的就是最好的。

为了提高交易的成功率及盈亏比，我们交易时，一般不会选择单一的周期进行交易，会选择大周期决定趋势方向，在小周期找买卖点，采用周期共振，来过滤掉一些不符合自己交易系统的假交易信号。

下面就来介绍下我的三周期共振交易系统。

一、三个周期

三个周期指4小时、1小时和15分钟三个周期。

二、周期使用

（1）4 小时、1 小时属于较长周期，用它来决定大的趋势。

（2）15 分钟小周期，依据 4 小时和 1 小时趋势方向，决定买卖方向及买卖点。

（3）三周期趋势一致，才会在 15 分钟开仓，如果三周趋势相反，15 分钟出现买卖点也不会进行买卖。

（4）买卖只在 15 分钟周期进行。

三、三周期交易的优点

（1）永远不会做逆势单，只要三周期一致一定是顺势操作，这样建仓成功的概率就会大大提高。

（2）在小周期买卖止损小，如果有大的行情，仍然能大赚。

（3）资金回撤小。

（4）可以规避一些假的交易信号。

（5）可以降低交易次数，避免频繁操作。

四、三周期交易的不足

（1）由于是 15 分钟周期交易，反复止损的概率大。

期货警句

学会做波段行情是技术水平成熟的标志。

期货警句

设置止损点，严格执行，遵守纪律，是理念成熟的标志。

期货警句

勇于向市场投降，顺势而为，是心理成熟的标志。

（2）需要盯盘。

（3）盘中的波动，对心态是个极大的考验。

下面借助图表来进行详细的图解：

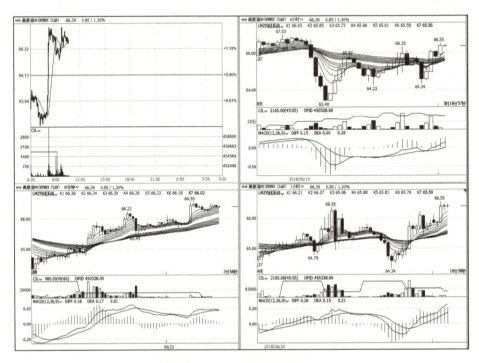

图 16 −1　美原油 0808 合约

我们来看图 16 −1，美原油的 0808 合约，右上角是 4 小时图，右下角是 1 小时图，左下角是 15 分钟图。从这三个图来看，三个周期原油的价格，都在所有均线之上，趋势都是多头趋势。这就是三周期共振，符合我的做多条件。

当 15 分钟出现放量的大阳线，就可以进入买多单，止损设在大阳线的开盘价，如果没有大阳线，就再等待。

所以，等待也是一种交易，在期货市场一定要学会等待。

下面再看一组不符合三周期交易的趋势图形：

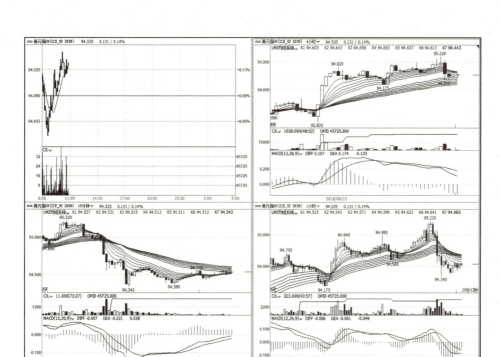

图 16 – 2　美元指数 0809 合约

从图 16 – 2 看，美元指数 0809 合约 4 小时价格在短期均线和长期均线之间波动，没有方向，是多头弱势。1 小时价格在所有均线之下运行，是空头强势。15 分钟价格又在短期均线和长期均线之间波动，是空头弱势。

三个周期的趋势不一致，就算 15 分钟出现建仓信号，也不进行买卖。

总而言之，选择什么样的周期交易没有好坏之分，但一定要选择适合自己的交易周期。在交易周期确定之

期货警句

学会避险与投机相结合是思想成熟的标志。

后，只在这个周期交易，千万不要今天 15 分钟、明天 1 小时、后天 4 小时这样频繁更换交易周期。如果是这样交易，交易是混乱的，会赔得很惨。

制定你的交易系统，固定你的交易周期，然后去不断完善它，希望大家都能找到适合自己的交易周期及交易系统。

本讲投资建议

◆ 根据自己的性格及资金，选择适合自己的交易周期。

◆ 交易周期没有好坏之分，只有适合不适合。

◆ 大家要学会我的三周期交易原理，建立适合自己的三周期交易系统。

◆ 多周期共振可以避免逆势操作。

交易感悟

投资只因你的随意和灵活变得复杂多变，投资也因你的深度和守规而变得明确简单，你若简单，这世界再复杂也与你无关。

——繁简之间

第十七讲　执行力

在期货交易中，不是有了交易系统或好的交易方法，就可以盈利。决定能不能盈利的关键，是对交易方法或系统的执行力。没有执行力，再好的方法与系统都是无用的。

什么是执行力？广义上的"执行力"，就是按质按量地完成工作任务的能力。个人执行力的强弱取决于两个要素——个人能力和工作态度，能力是基础，态度是关键。所以，要提升个人执行力，需要通过加强学习和实践锻炼来增强自身素质，而更重要的是要端正工作态度。

那么，在期货交易中，执行力是什么呢？**执行力就是按照自己的交易系统，克服市场干扰因素，不折不扣地去执行自己的开仓平仓标准、止盈止损标准和仓位管理及资金管理的标准，做好每次交易。**

而要执行好交易系统最关键的是交易态度。

在实际交易中，真正执行起交易系统来，会有各种各样的因素影响你的执行，真正能执行自己的交易系统的人少之又少。这也说明执行交易系统有多么难，但是并不代表做不到。只要端正自己的交易心态，就一定可以执行好自己的交易系统。

因此，期货交易的密码就是始终如一地坚持执行自己的交易系统。

为什么大多数人不能执行自己的交易系统，主要有以下几个原因：

一、怀疑自己的交易系统

交易系统是自己制定的，为什么会怀疑呢？因为你用这个交易系统没有大赚过，总是被止损。然后你对它就产生了不信任，觉得这个系统不行，想放弃。如果有这种想法，就更别提去执行交易系统了。

这个过程中，交易者认为自己没有大赚，总是被止损，是交易系统的问题，而没有认真去反思是自己执行的问题，还是市场在这个时段，根本就没有交易机会所造成的。

当投资者放弃了自己的交易系统，去寻找新的交易系统时，发现自己放弃的交易系统又在赚钱了，但是由于没有执行这个交易系统，只能悔恨不已。

因此，请相信自己的交易系统，任何时候都去相信它。

交易的全部秘诀就是：始终如一地坚持执行自己的交易系统。在通往财富梦想的道路上，最有效的策略就是专注和坚持一个良好的交易系统。专注和坚持可以产生不可思议的力量。当你真正做到这一点时，你就可以创造连你自己都不能相信的奇迹。

坚持使用一个成功的交易系统是"小散"成为"高手"的不二选择。怀疑自己的交易系统是投资毁灭的开始。

期货警句

通过电脑计算分析每天的收市价来制定入市策略，以电脑信号为入市依据。

二、贪婪和恐惧而无法执行交易系统

许多交易者在交易过程中，由于怕失去行情，在交易系统还没有出信号时，就提前入场。又由于怕赔钱，小赚一点，在交易系统还没有出现平仓信号时，就提前出局。还由于连续止损几次，当交易系统再次发出入场信号，由于怕错，而不敢去执行入场信号。建仓之后，没有赚钱，当交易系统发出止损信号时，想保本出局，而没有及时止损，结果造成大赔。

期货警句

降低风险，尽早投降，不要改变止损位。

这一切都是因为贪婪和恐惧而造成的，而深层次原因在于交易理念混乱和资金管理不合理。几乎所有失败的交易者都是因为交易理念的混乱，不懂得交易盈利的哲学原理，而不能接受系统中出现的亏损，从而也就享受不到大幅盈利所带来的好处。在交易中，亏损只是我们为了获得最终胜利所必须付出的成本和代价。然而很多投资者在经历了几次连续的亏损后，往往会因为对未来不可预见的恐惧感，从而放弃了一套盈利的交易系统。

我们一定要懂得所有的交易系统只能捕捉特定的一段行情，任何系统都不可能将所有的波段一网打尽。要懂得做得多不一定收益就多的道理，不要贪婪地想拥有所有的利润而频繁操作，而不去执行交易系统信号。

正是由于恐惧，许多交易者放弃了交易系统，放弃了执行交易信号，放弃了自己执行交易系统的能力。

三、缺少自信

由于在交易过程中缺少自信，不相信自己，致使许多交易者时时处于不果断、犹豫、自责之中，从而不可能去执行交易系统。只有对自己有信心，对市场有信心，对自己的交易系统有信心，交易者才能更好地执行自己的交易系统。

四、交易系统与自己不合拍

如果只是照搬别人的交易系统，而没有理解其交易理念，就可能与自己不合拍，因此执行起来就很难，就更别提执行力了。有了交易系统，只是交易的起点，执行力是难点，自己切实可行的交易策略是重点。通过不断细化和完善交易系统，以适应自己的交易性格，执行力就会大大改善，交易的时候才会如行云流水，心里没有丝毫的压力，交易就会变得舒适和自然。

为了提高我们对交易系统的执行力，必须相信自己及交易系统，克服贪婪和恐惧。现在给大家总结一下如何去执行自己的交易系统，主要从以下几方面努力：

（1）相信自己的交易系统。

（2）明白自己交易系统的理念及方法，树立自己的交易信仰。

（3）接受交易系统可以出错，平静面对执行交易系统的亏损。

（4）期货就是做概率，克服恐惧心理。

（5）明白交易系统只能捕捉一段行情，不能把所有行情都逮住。

（6）明白大赚都是在小赔中换来的。

如果上面这几点你都明白了，我相信执行交易系统就会容易很多。

投资是一种游戏，轻松、简单和按部就班才能在竞

期货警句

要对电脑交易分析系统充满信心。

期货警句

透过默想，沉思作战方案，训练潜意识，发展潜能。

争中实现盈利。如果你在每天的交易中都感到焦虑和恐慌，那么肯定是你的交易方法没有和这个品种形成共振，达到一种默契的境界，这样你就很难达到投资获利的目的，你也就很难去执行自己的交易系统。

交易就是这样，在不断和人性作斗争中逐渐成长。只有将原本不舒服的交易变得逐渐自然流畅，才能更好地执行自己的交易系统。

记住：始终如一地坚持执行你的交易系统，提高自己的执行力，这就是期货交易成功的密码。

本讲投资建议

◆ 执行力，就是按照自己的交易系统，克服市场的干扰因素，不折不扣地去执行自己的开仓平仓标准、止盈止损标准和仓位管理及资金管理的标准，做好一个完整的交易过程。

◆ 执行好交易系统最关键的是交易态度。

◆ 投资的成功就是简单的盈利模式重复做，而且是大量做。

◆ 很多人就是因为怀疑和不能坚持按照一个良好的交易系统操作，才被永远挡在成功的投资市场之外。

◆ 交易的全部秘诀就是：始终如一地坚持执行自己的交易系统。

◆ 在通往财富梦想的道路上，最有效的策略就是专注和坚持一个良好的交易系统。专注和坚持可以产生不可思议的力量。当你真正做到这一点时，你就可以创造连你自己都不能相信的奇迹。

◆ 成功的交易者有着一种与普通交易者完全不同的思维方式和交易态度，那就是所有的成功交易者都坚信：坚持使用一个成功的交易系统是小人物成就大事业的不二选择。怀疑自己的交易系统是投资毁灭的开始。

◆ 贪婪和恐惧的深层次原因在于交易理念混乱和资金管理不合理。

◆ 在交易中，亏损只是我们为了获得最终胜利所必须付出的成本和代价。然而很多投资者在经历了几次连续的亏损后，往往会因为对未来不可预见的恐惧，从而放弃了一套优秀的交易系统。

◆ 随着交易系统和盈利的变化而不断改变交易的仓位，这才是资金管理的精髓。

交易感悟

你一定要知道，最重要的时候就是刚建仓位的时候，这个时候你必须用最快的行动来保护你的仓位。同时，最危险的时候也是刚建仓的时候，因为这时你还不知道你的仓位正确与否。如果你的仓位被证明是错误的话，这将是你减少挫折的唯一机会。

第十八讲 等 待

在期货交易中，交易是一场等待的游戏，耐心是一项重要的交易技巧。每一次大的行情，都是耐心等待的结果。**学会了等待，就学会了盈利。**

事实上，在交易系统和方法都已经稳定的前提下，**做交易就像是钓鱼，你得耐住性子，等待市场机会。**这就好比"鱼钩"和"鱼"，用一个得心应手的鱼钩，即可淡定抛出，安然收线。而如果市场一时间没有机会，**那就"等"。**即使是交易高手，也不能保证每一次垂钓都会有收获。但他们至少不会像普通交易者一样，耐不住性子，甚至是全身下水拼个鱼死网破，又或者不论有无鱼儿皆下钩，结果鱼饵也是白白浪费。

进入期货交易市场，为了更快地实现财富梦想，大多数投资者往往选择了不停地操作、操作、再操作。然而，操作多了并不一定就效果好，有时候什么都不做也可能是一种最好的选择。**过多的操作就是盲动，盲动耗费了我们的精力，迷惑了我们的心智，损失了我们的金钱。**

凡是成功者都各具特点，但他们一定都有一个共同的特点，那就是都有耐心，知道等待。他们决不会为交易而交易，他们会耐心地等待合适的时机，然后才采取行动。索罗斯就将自己成功的秘诀归于"惊人的耐心"，归于"耐心地等待时机，耐心地等待外部环境的改变，而这完全反映在价格的变动之上"。

当然，"等"并不是一味地傻等，而是要有一个明确的、真实的目标。我们应该明白，自己在耐心等待的是什么，如果它来了，是否能抓得住，这就要求我们要有一个清晰明确的交易系统，其中对于进出场的标准以及资金管理、心态管理等都有具体的设定。只有这样，才能在市场中做到有的放矢。

如果你的等待只是单纯为了等待而等待，却不知道自己究竟在等什么，最后的结果和随心交易没有差别。那么在交易中等待什么？主要是"三个等待"。

1. 等待开仓标准的出现

在我的交易系统中开仓标准已确定，开仓多单的条件：

（1）大阳线上穿所有均线，大阳线放量；

（2）MACD 上穿 0 轴；

（3）均线由聚拢交织转为多头排列。

只有符合以上条件，我才会开仓多单，如果不符合，唯一要做的就是等待。

2. 等待止损标准的出现

建仓之后，第一时间把止损设好。我一般将止损设在大阴线或大阳线的开盘价。接下来，要等的就是行情会不会把我的止损给打了，没有打掉之前，这个等待是亏损的等待，也是痛苦的等待。

期货警句

获利与交易能力的正比性。

期货警句

随机与有序的组合性。

期货警句

完美交易的无解性。

期货警句

从长远和发展来看，风险与利润的不成正比性。

3. 等待止盈标准的出现

当我建仓之后，价格没有打掉我的止损，并且交易出现了盈利。这时需要等待止盈条件的出现。**我的止盈条件是价格突破长期均线。**在没有出现之前一定是持有我的仓位，这个过程就是盈利的等待，盈利的等待是快乐的等待。

下面用图表来说明一下交易的等待，如图18-1。

图18-1　美原油0808合约

图 18-1 中，在 1 处没有出现开仓空单的标准之前，一直是空仓等待，这个过程就是等开仓机会的出现。开仓机会出现后我就在 1 处建仓空单，止损设在大阴线的开盘价，设好之后，又是一个等待，就是等待市场会不会打掉我的止损，这个过程中心里是不安的，担心止损会不会被打掉，因此是痛苦的等待。当我发现市场没有打掉止损，并且盈利了，这时心里又开始了止盈等待。在 2 处没有出现之前，**是盈利的等待，是快乐的等待**，但是在等止盈条件出现的过程中，要面对市场波动的影响，有很多人等不到止盈条件的出现，就提前出局了，所以永远做不到大赚。

所以，在期货交易中，每时每刻都在等待，等待开仓条件的出现，等待止损条件的出现，等待止盈条件的出现，这个过程需要的是一份平静与耐心。学会了等待，就慢慢开始盈利了。

期货警句

有巨大风险的账户只能是短命的账户，财富只能来自于一点一滴的积累。

本讲投资建议

◆ 期货交易，就是一个等待的游戏。

◆ 等待不是没有目的的等待，而是等待交易标准的出现。

◆ 盈利的等待，是快乐的等待；亏损的等待，是痛苦的等待。

◆ 做交易就像是钓鱼，你得耐住性子，在交易系统和方法都已经稳定的前提下，耐心等待市场机会。

◆ 如果你学不会等待，你永远都学不会交易。

交易感悟

如果发觉做错了，就应该立刻纠正。善于接受痛苦的真理，并毫不迟疑地毅然决然地做出相应反应的能力，是一个伟大交易员的标志。

——斯坦利·德拉肯米勒

第十九讲　交易纪律与心态

在期货交易过程中，任何交易者都会或多或少受到交易心态方面的困扰。心态好坏直接影响交易系统、交易技术是否得到严格执行。成功的交易者常说一句话："七分心态，三分技术。"可见技术只是战术层面的，而心态则是有战略高度的。培养好的交易心态，就成了投资者努力追求的目标。

而心态与交易纪律又紧密联系在一起，没有好的交易心态，就不可能很好地遵守交易纪律，只有严格遵守交易纪律，才能在实盘交易中培养出好的交易心态。**抛开交易纪律去谈交易心态，没有任何意义。**

因此，在实盘交易中，交易纪律与交易心态，都非常重要，不能把二者完全分开来讲，否则都是没有任何意义的。

一、交易纪律

什么是交易纪律？简单地说，交易纪律就是开仓、平仓、止损、止盈的标准。在交易中遵守了这些标准，就是遵守了交易纪律。

现实中，遵守交易纪律就是遵守你自己制定的交易标准。遵守交易纪律首先就是要有交易标准，比如价格向上突破20日均线就进场，价格跌破20日均线就离场，这就是标准。明确了这个标准，执行交易才会有目标。因而，交易纪律是与你的标准紧密联系在一起的。没有交易标准，也就没有交易纪律。

期货警句

投资者难以接受的是错误的止损。

期货警句

没有人可以事前告诉你此次止损是对还是错。

期货警句

错误的止损，我们也应该坦然接受。

具体来说，交易纪律，分为进场纪律、出场纪律、止损纪律和止盈纪律。下面举例来说明。

进场纪律：价格突破 60 日均线进场做多。

出场纪律：价格跌破 60 日均线多单离场。

止损纪律：进场之后，止损设在突破 60 日均线阳线的开盘价。

止盈纪律：盈利之后，做好盈利保护，价格跌破 60 日均线，止盈离场。

图 19 - 1

图 19 - 1 中，黄金价格上穿 60 日均线，在 1 处进场做多单，止损设在突破 60 日均线这根阳线的开盘价，黄金价格上涨，有一定的盈利，做好盈利保护，一直持有多单。在 2 处，黄金价格跌破 60 日均线，止盈离场。这就是遵守交易纪律。进出场、止损止盈纪律都非常清晰，并且都给量化出来，没有一点模糊不清。所以在执行时，会非常果断，赚钱就会变得容易，交易心态自然也就好了。

凡是很好地遵守交易纪律的投资者，他的交易标准都是非常明确的，模糊不清的交易标准，不会有好的交易纪律。

二、交易心态

什么是交易心态？简单来说，交易心态就是交易纪律的遵守程度。交易心态好的人，遵守交易纪律都比较彻底，就容易盈利，所以心态就好。相反，交易心态差的人，都是不能严格遵守交易纪律，总是没有遵守止损纪律而大赔，没有遵守平仓纪律，小赚就跑了，大赔总是有他，而大赚总是没有他。所以交易心态肯定不会好。

在我们的交易中经常会有人说自己的交易心态不好。其实，我认为交易心态不好，就是为自己的错误找不到合适理由的一种借口。交易系统完善了，纪律标准明确了，严格去遵守交易纪律，心里有底了，交易心态自然就好了。

而交易心态的修炼，应从遵守交易纪律开始。由于人性的作用，刚开始遵守交易纪律时，总是受各种因素的影响，特别是怕赔、怕止损，而无法坚定遵守交易纪律，而导致大赔。相反由于总是赔钱，又导致对交易纪律没有信心，如此交易心态就会更糟糕。

因此，**交易心态从遵守交易纪律开始，从理解交易标准开始，从正确看待得失开始**，然后不断地去完善自己的交易标准、交易纪律，在实盘中慢慢成长。当你能完全遵守自己的交易纪律时，你的交易心态也就练成了。

图 19 - 2

图 19 - 2 中，1 处道指跌破 60 日均线，按我们的交易纪律，多单要果断止损，如果不遵守这个交易纪律没有止损，那么到 2 处时，你就会被深套，或者爆仓，而变成大赔。这个时候你的交易心态肯定不会好。为什么会有这样的结果？就是因为你没有在 1 处遵守止损的交易纪律。

因此，从这个实例中可以明白一个道理，**交易心态的好坏，取决于你对交易纪律的遵守与否。交易纪律遵守得越彻底，你的交易心态会越好，否则，你的交易心态就会越差**。

交易纪律是刚性的，是必要的。交易心态是柔性的，它的好坏，取决于交易纪律的遵守与否。由于人性的作用，心里面无法接受的，也就是你无法遵守的，

期货警句

止损是交易行为的一个组成部分，不要回避，更不要恐惧。

期货警句

过去的就让它过去吧。

在交易中你明明知道交易纪律的重要性，但是你却无法去遵守。只有深刻理解交易纪律、交易标准的内涵，并深层次理解交易的真谛，才能彻底遵守自己的交易纪律，这样你的交易心态才练成了。

本讲投资建议

◆ 交易纪律，简单地说是开仓、平仓、止损、止盈的标准。在交易中遵守了这些标准，就是遵守了交易纪律。

◆ 凡是很好地遵守交易纪律的投资者，他的交易标准都是非常明确的，模糊不清的交易标准，不会有好的交易纪律。

◆ 交易心态从遵守交易纪律开始，从理解交易标准开始，从正确看待得失开始，然后不断地去完善自己的交易标准、交易纪律，在实盘中慢慢成长。当你能完全遵守自己的交易纪律时，你的交易心态也就练成了。

◆ 交易心态的好坏，取决于你对交易纪律的遵守与否。交易纪律遵守得越彻底，你的交易心态会越好，否则，你的交易心态就会越差。

交易感悟

如果大部分专家意见相同，而市势并不配合，便会构成警惕信号，因为在这种情况下，大部分人将会做出错误的投资决策，也就是说，当大部分人看好时，市势将会向下。

第二十讲　运　气

期货警句

永远不要与市场作对，在市场大势下，只能顺势而动，决不可逆势而动。

期货警句

认真分析市场，正确判断市场的主趋势，在主趋势明显确立之初买进或卖出，而在这个主趋势结束时，则果断平仓了结。

● 正确研究市场的主趋势，并在此基础上，开始行动。这是投资的重要步骤，必须集中精力全力以赴，不间断地对市场进行跟踪研究，多做少说。

● 顺从市场的主趋势建立新仓。需要密切关注市场，付出几周或是更长的时间，逐步完成新仓的建立。

● 随着市场主趋势的延续，逐步减少建仓量，这点尤其重要。许多交易者之所以失败，是由于在主趋势延续时，逐步加大交易量，其结果，在主趋势逆转时，必定会亏损。因为投资者大部分资金被投在顶部（或底部）附近的区域。

● 在主趋势结束时坚决清仓。

在期货交易中，因为走势的不确定性，运气的比重就非常突出。有可能行情连续走不出你所等待的行情，也有可能行情让你短期暴利后又全部拿走。在很多时候，这并不是你交易方法的问题，而是运气。执行一套交易系统，需要深刻理解交易系统和运气之间的关系。否则，很容易就迷失在追求完美的陷阱里。

在交易市场，我们永远只能做着正确的事，等待运气的降临。所有的成功，都是洞见了交易真相的人被运气笼罩的结果。

那么在期货交易中运气来自哪里呢？

很多时候，"好运气"来源于我们自己。我们充满自信的期待和努力，才是成功的终极密码。当我们拥有了良好的自我暗示，增强了自我价值，变得自信、自尊，获得一种积极向上的动力，就会促使我们更加努力和自律，从而维持这种良好心态的连续性。

市场如同一个公正又充满智慧的老师，它会全面扫视我们的瑕疵和弱点，并给予最严厉的惩罚。与此同时，当我们变得自信、积极、自律时，它又会给予赞许和奖励。当我们笃定下单得到市场肯定，及时止损避免极大损失后，除了盈利的喜悦，我们还可以获得自我认同的快乐，进而更加冷静和从容地操作，从而获得幸运的"成功惯性"。

在期货交易中，有的投资者总是问，为什么他的运气不好？我对他说，我喜欢把运气看成是对自己长期努力工作的奖赏，而不是一瞬间的。追求短暂的运气是没有意义的，有时候短暂的好运气反而会埋下灾难的种子。好运气是可以创造出来的，特别是在交易中，坚信自己的交易策略，执行交易系统发出的每一个交易信号，认真做好每一项细小而基础的工作，如果发现问题马上弥补加强。日复一日年复一年，从长期来看，就会比绝大多数人增加了更多成功的可能性，运气自然就会站到您这边。

关于在期货交易中的运气，我是这么做的，相信自己的交易系统、交易策略及交易理念，严格按照自己的交易信号进行交易；严格止损做到小赔，多次小赔不怨自己运气不好，而是没有市场机会；相信连续执行了交易信号，大涨或大跌的好运气，一定会降落到自己头上的。

请记住，连续止损，可能是运气差了一点，但市场后面一定会给你一大波利润来奖赏你。你也可以说是运气，当然你也可以说，这是坚持交易系统的结果。

期货警句

唯一有效的是必须在主趋势形成时介入，在主趋势翻转时出局。如果你在买入时主趋势反转，不要与主趋势作对，处理好手中的持仓，离开市场，重新思考新的交易方案。

期货警句

只有摸准市场的脉搏，顺从市场的主趋势操作才能有所收益。

本讲投资建议

◆ 相信自己，比相信运气更重要。

◆ 好运气与好的交易系统、交易策略是分不开的。

◆ 交易不能总是去碰运气，重要的是坚持自己的交易系统。

◆ 运气喜欢遵守交易规则的人。

◆ 连续止损，可能是运气差了一点，但市场后面一定会给你一大波利润来奖赏你。你也可以说是运气，当然你也可以说，这是坚持交易系统的结果。

◆ "好运气"来源于我们自己。我们充满自信的期待和努力，才是成功的终极密码。

交易感悟

绝大多数交易者都不如市场有耐心，市场会尽一切可能把大部分交易者气疯，只要有人逆势而为，市场的趋势就会一直持续。

第二十一讲　15 分钟三周期交易

前面介绍了我的交易理念、交易系统、如何止损止盈、交易心态等内容。那么，如何把这些内容运用到实战当中去？这是个难点，也是重点。

本讲中我用 15 分钟三周期交易系统，来演示在交易过程中，如何做到**小赚、小赔、大赚和绝不大赔**，从而实现盈利。

一、15 分钟三周期交易系统要求

（1）采用三周期交易，主要用 15 分钟、60 分钟和 4 小时三个周期看大做小，周期共振。

（2）交易系统采用我的两组均线系统。

（3）三周期趋势一致，在 15 分钟找符合开仓标准的开仓点开仓，不在其他周期开仓。

（4）止盈止损也是在 15 分钟周期。

（5）开仓、平仓标准大家可以参看**本书第四讲的内容**。

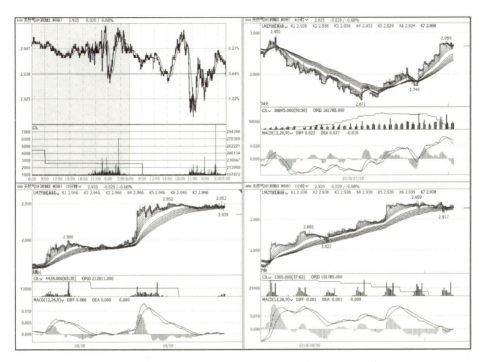

图21-1 15分钟三周期交易系统

我们看图21-1，右上角的4小时图中价格在两组均线之上，是多的趋势。右下角是1小时图，价格在两组均线之间波动，并且两组均线交织在一起，这是多头弱势。左下角是15分钟图，与1小时趋势一样，都是多的趋势。现在处于横盘整理之中，要等到15分钟横盘结束，放量大阳线突破时，就是我们绝好的多单进场时机。

二、天燃气15分钟三周期交易讲解

（1）操作日期从2018年7月25日到8月6日。

（2）每次建仓只做1手，占用保证金是347美元，手续费40美元，每波动0.001点是10美元，以此为标准进行计算。

（3）操作过程：

①第一次操作（从7月25日至7月26日）

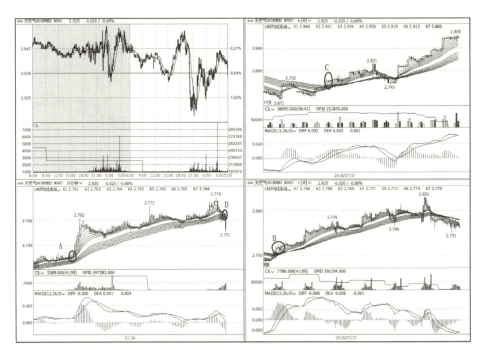

图21-2　天燃气15分钟三周期

操作分析：

从图21-2中，我们可以看出，在A、B、C三处，天燃气的价格在15分钟、60分钟和4小时图中都在两组均线之上，均线向上，多头趋势，并且是多头强势。三周期趋势一致，看大做小，符合做多条件。只要在15分钟周期符合开多的条件就可以建仓多单。由于15分钟图形太小，我们把15分钟的图形放大，如图21-3。

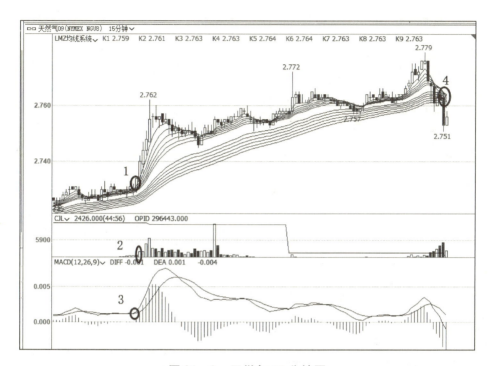

图 21－3　天燃气 15 分钟图

看图 21－3，1 处大阳线上穿所有均线，价格在所有均线之上，均线多头排列。2 处大阳线放量，3 处 MACD 线在 0 轴之上金叉，并且大阳线突破平台。因此，在 1 处的第二根 K 线逢低在 2.733 做多单 1 手，止损设在大阳线的开盘价 2.730。

建仓之后，天燃气价格上涨，没有破止损，连续几根大阳线拉起，盈利在 100 美元左右时，要做好盈利保护，保证这一笔交易不赔钱。然后就安心持有多单。直到 7 月 26 日一根大阴线跌破长期均线时，在 2.760 止盈多单。这一波操作结束。

盈亏计算：（2.760－2.733）×1000×10×1＝270 美元，除去手续费 40 美元，盈利 230 美元。

操作小结：以止损30美元的代价，获得了230美元的利润，做到了小赚，操作成功。

②第二次操作（从7月26日22:30至26日23:30）

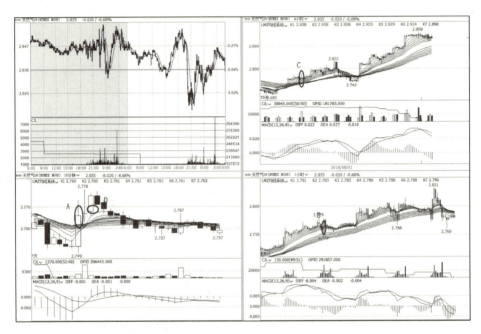

图21-4　天燃气15分钟三周期图

操作分析：

从图21-4中，我们可以看出，在A、B、C三处，天燃气的价格在15分钟、60分钟和4小时图中都在两组均线之上，均线向上，多头趋势，并且是多头强势。三周期趋势一致，看大做小，符合做多条件。只要在15分钟周期符合开多条件，就可以建仓多单，由于15分钟周期图形太小，我们把15分钟的图形放大，如图21-5。

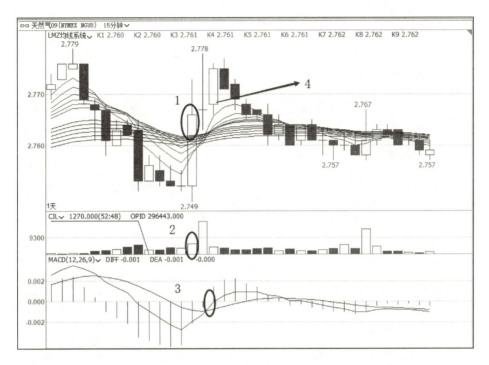

图21-5 天燃气15分钟图

看图21-5,1处大阳线上穿所有均线,价格在所有均线之上,均线多头排列。2处大阳线放量,3处MACD线上穿0轴。因此,在1处的第二根K线逢低在2.763做多单1手,止损设在大阳线的开盘价2.752。

建仓之后,天燃气价格上涨,没有破止损,第二根K线冲高回落,要小心是否上涨无力,当第三根阳线拉起时要做好盈利保护,止盈线设在4处的阳线开盘价2.768,保证这一笔交易不赔钱。止盈设好后,价格没有再继续上涨,开始回调,在2.768止盈线被打掉,本次操作结束。

盈亏计算:(2.768-2.763)×1000×10×1=50美元,除去手续费40美元,盈利10美元。

操作小结:以止损90美元的代价,仅获得了10美元的利润,操作是成功了。没有大赔，也没有大赚，只做到了保本。

③第三次操作（从 7 月 27 日至 7 月 30 日）

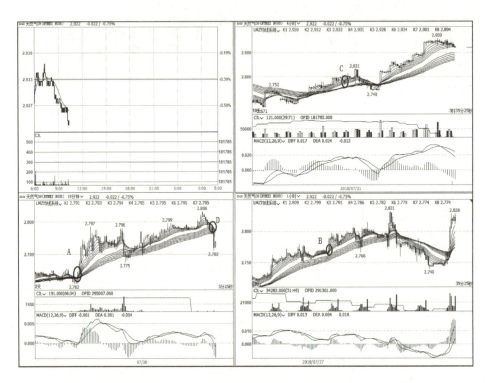

图 21－6　天燃气 15 分钟三周期图

操作分析：

从图 21－6 中，我们可以看出，在 A、B、C 三处，天燃气的价格在 15 分钟、60 分钟和 4 小时图中都在两组均线之上，均线向上，多头趋势，并且是多头强势。三周期趋势一致，看大做小，符合做多条件。只要在 15 分钟周期符合开多条件，就可以建仓多单，由于 15 分钟图形太小，我们把 15 分钟周期的图形放大，如图 21－7。

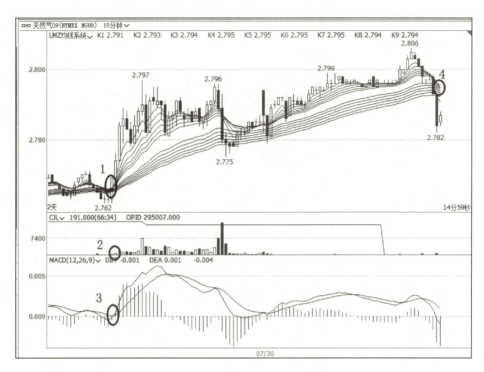

图 21 – 7　天燃气 15 分钟图

看图 21 – 7，1 处大阳线上穿所有均线，价格在所有均线之上，均线多头排列。2 处大阳线放量，3 处 MACD 线在 0 轴之上金叉。因此，在 1 处的第二根 K 线逢低在 2.768 做多单 1 手，止损设在大阳线的开盘价 2.763。

建仓之后，天燃气价格上涨，没有破止损，连续拉出两根阳线，盈利在 100 美元左右时，要做好盈利保护，做保本设置，保证这一笔交易不赔钱。然后就安心持有多单。直到 7 月 30 日一根大阴线跌破长期均线，在 2.793 止盈多单。这一波操作结束。

盈亏计算：（2.793 – 2.768）× 1000 × 10 × 1 = 250 美元，除去手续费40 美元，盈利 210 美元。

操作小结：以止损 50 美元的代价，获得了 210 美元的利润，做到了小赚，操作成功。

④第四次操作（从 7 月 31 日至 8 月 1 日）

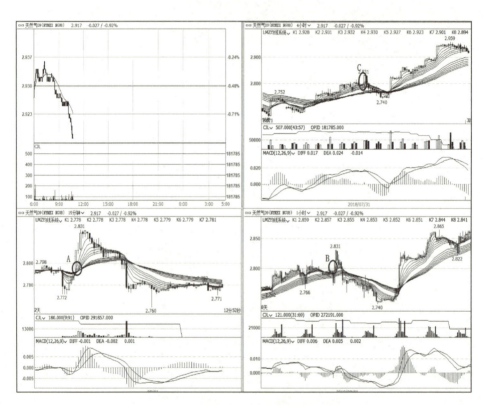

图 21－8　天燃气 15 分钟三周期图

操作分析：

从图 21－8 中，我们可以看出，在 A、B、C 三处，天燃气的价格在 15 分钟、60 分钟和 4 小时图中都在两组均线之上，均线向上，多头趋势，并且是多头强势。三周期趋势一致，看大做小，符合做多条件。只要在15分钟周期符合开多条件，就可以建仓多单，由于15分钟周期图形太小，我们把15分钟的图形放大，如图21-9。

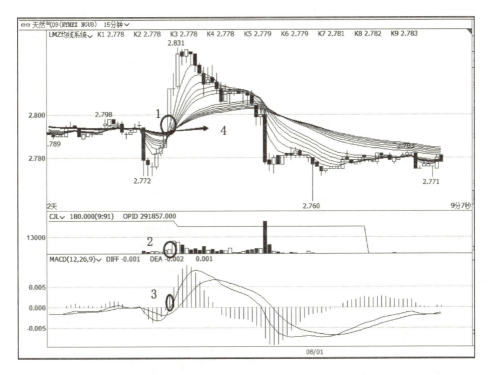

图21-9　天燃气15分钟图

看图21-9，1处大阳线上穿所有均线，价格在所有均线之上，均线多头排列。2处大阳线放量，3处MACD线快慢线上穿0轴。因此，在1处的第二根K线逢低在2.809做多单1手，止损设在大阳线的开盘价2.792。

建仓之后，天燃气价格没有继续上涨。经过一段时间的横盘整理，价格开始下跌，在2.792止损多单。操作失败，这一波操作结束。

盈亏计算：（2.792 - 2.809）×1000×10×1 = -170美元，除去手续

费 40 美元，亏损 210 美元。

操作小结：本次操作失败，手续费 + 亏损共亏损 210 美元，但是做到了小赔。

⑤第五次操作（从 8 月 2 日至 8 月 6 日）

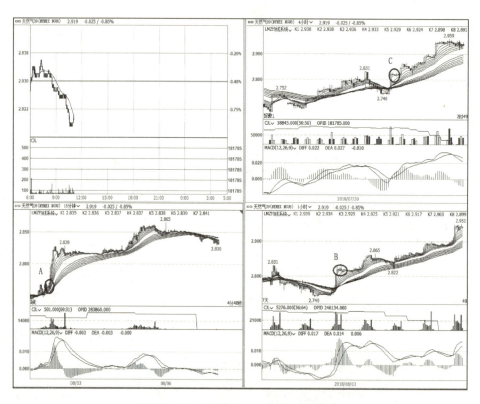

图 21－10　天燃气 15 分钟三周期图

操作分析：

从图 21－10 中，我们可以看出，在 A、B、C 三处，天燃气的价格在 15 分钟、60 分钟和 4 小时图中都在两组均线之上，均线向上，多头趋势，并且是多头强势。三周期趋势一致，看大做小，符合做多条件。只要在15分钟周期符合开多条件，就可以建仓多单，由于15分钟图形太小，我们把15分钟的图形放大，如图21－11。

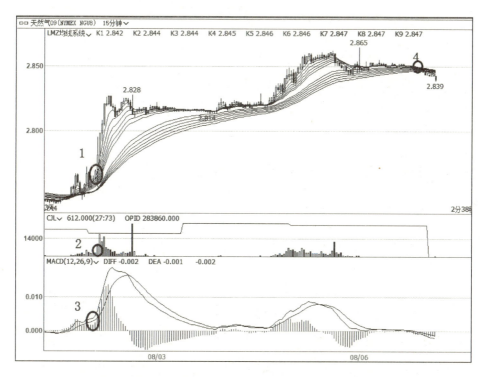

图 21－11 天燃气 15 分钟图

看图21－11，1处大阳线上穿所有均线，价格在所有均线之上，均线多头排列。2处大阳线放量，3处MACD线在0轴之上，并且大阳线突破平台。因此，在1处的第二根K线逢低在2.775做多单1手，止损设在大阳线的开盘价2.770。

建仓之后，天燃气价格上涨，没有破止损，连续走高，盈利在100美元左右时，做好盈利保护，做保本设置，保证这一笔交易不赔钱。然后就安心持有多单。天然气价格继续上涨，有一定幅度的盈利，这时需要的是**耐心持有头寸，让利润奔跑，不要受盘面波动的影响**。一直持仓到 4 处，价格跌破长期均线组，在 2.846 止盈多单。这一波操作结束，做到了大赚。

盈亏计算：$(2.846 - 2.775) \times 1000 \times 10 \times 1 = 710$ 美元，除去手续费 40 美元，盈利 670 美元。

操作小结：以止损 50 美元的代价，获得了 670 美元的利润，做到了大赚，操作成功。

三、15 分钟三周期交易操作总结

（1）2018 年 7 月 25 日至 8 月 6 日，总共操作五次，第一次小赚 230 美元，第二次小赚 10 美元，第三次小赚 210 美元，第四次赔小 210 美元，第五次大赚 670 美元。总共五次操作，三次小赚，一次小赔，一次大赚，从没有一次大赔。因此，最终盈利 $670 + 230 + 210 + 10 - 210 = 910$ 美元。

（2）这个交易结果验证了：**只要你在交易中做到小赚 + 小赔 + 大赚 + 绝不大赔，就一定可以实现稳定盈利**。

（3）15 分钟三周期交易的次数较多，但是资金利用高，止损小。最大的不足就是要盯盘，对于没有时间盯盘的，这个方法不太适合。

本讲投资建议

◆ 15 分钟三周期交易系统采用多周期共振，看大做小。

◆ 三周期趋势一致开仓，在 15 分钟找进出点。

◆ 15 分钟三周期交易系统，可以做到小赚＋小赔＋大赚＋绝不大赔。

◆ 三周期交易系统的优点：止损小，资金利用率高，可以抓大波段，适合小资金。

◆ 三周期交易系统的缺点：需要盯盘，交易频率高，反复止损的概率大。

交易感悟

你与众人的意见不合并不能说明你是对还是错，但数据和推理无误能保证你的正确。一个人如果不能控制自己的情绪，他是不太可能从投资中获利的，多数人从失败中几乎学不到任何东西，但很快会忘记一切东西。

——格雷厄姆

第二十二讲　60分钟三周期交易

上一讲介绍的 15 分钟三周期交易，由于周期短，需要盯盘，适合专职交易者或有大量时间的投资者。而 60 分钟三周期交易，周期变长了，交易的次数就更少了，从概率的角度，成功率会更高。因此，本讲中我用 60 分钟三周期交易系统，来演示在交易过程中，如何做到小赚、小赔、大赚和绝不大赔，从而实现盈利。

一、60 分钟三周期交易系统要求

（1）采用三周期交易，主要用 60 分钟、4 小时和日线三个周期。

（2）交易系统采用我的两组均线系统。

（3）三周期趋势一致，在 60 分钟找符合开仓标准的开仓点开仓，不在其他周期开仓。

（4）止盈止损也是在 60 分钟周期。

（5）开仓、平仓标准大家可以参看**本书第四讲**的内容。

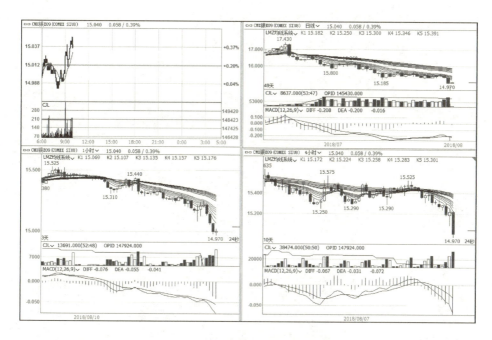

图 22 - 1 60 分钟三周期交易系统

我们看图 22 - 1，右上角的日线图中价格在两组均线之下，是空的趋势，且空头强势。右下角是 4 小时图，价格在两组均线之下运行，均线趋势向下，是标准的空头强势。左下角是 60 分钟图，与日线和 4 小时趋势一样，都是空头强势，现在没有建仓机会，如果想做空，只能等 60 分钟反弹之后，再次出现我们的空单建仓标准，才可以做空单。

二、美白银 60 分钟三周期交易讲解

（1）操作日期从 2018 年 8 月 1 日到 8 月 15 日。

（2）每次建仓只做 1 手，占用保证金是 692 美元，手续费 40 美元，每波动 0.005 点是 25 美元，以此为标准进行计算。

（3）操作过程：

①第一次操作（从8月1日8月至3日）

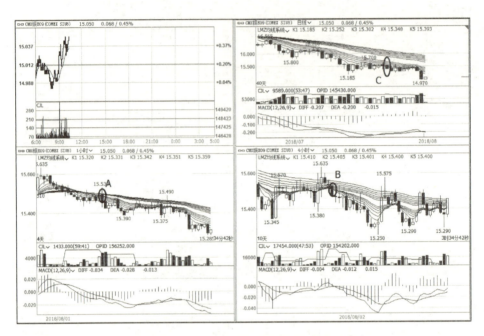

图 22－2　美白银 60 分钟三周期

操作分析：

从图 22－2 中，我们可以看出，在 A、B、C 三处，美白银的价格在 60 分钟、4 小时和日线图中都在两组均线之下，均线向下，空头趋势，并且是空头强势。三周期趋势一致，看大做小，符合做空条件。只要在 60 分钟周期符合开空的条件，就可以建仓空单。由于 60 分钟图形太小，我们把 60 分钟的图形放大，如图 22－3。

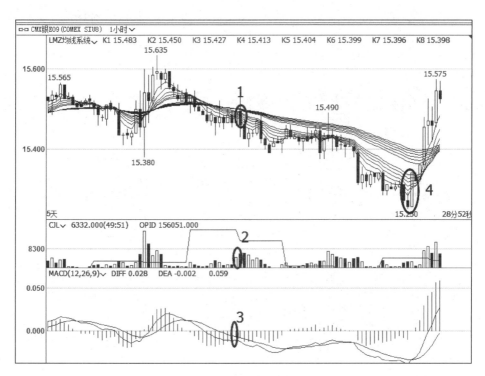

图 22 - 3 美白银 60 分钟图

看图 22 - 3，1 处大阴线下穿所有均线，价格在所有均线之下，均线空头排列。2 处大阴线放量，3 处 MACD 线快慢线下穿 0 轴，符合做空条件。因此，在 1 处的第二根 K 线逢高在 15.475 做空单 1 手，止损设在大阴线的开盘价 15.495。

建仓之后，美白银价格开始下跌，没有破止损，价格在振荡下行，并且有了一定的盈利。首先做好盈利保护，保证这一笔交易不赔钱。然后安心持有空单。直到 8 月 3 日一根阳线突破前面下跌的几根阴线，说明 60 分钟要反弹。因此，在 15.320 止盈空单。这一波操作结果。

盈亏计算：（15.475 - 15.320）×1000/5 ×25 ×1 =775 美元，除去手续费 40 美元，盈利 735 美元。

操作小结：以止损 100 美元的代价，获得了 735 美元的利润，做到了大赚，操作成功。

②第二次操作（从 8 月 6 日至 8 月 7 日）

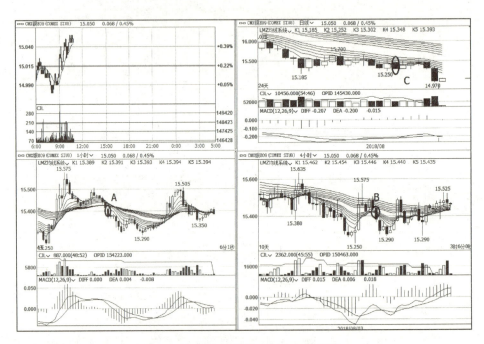

图 22－4　美白银 60 分钟三周期图

操作分析：

从图 22－4 中，我们可以看出，在 A、B、C 三处，美白银的价格在 60 分钟、4 小时和日线图中都在两组均线之下，均线向下，空头趋势，并且是空头强势。三周期趋势一致，看大做小，符合做空条件。只要在 60 分钟周期符合开空的条件，就可以建仓空单。由于 60 分钟图形太小，我们把 60 分钟的图形放大，如图 22－5。

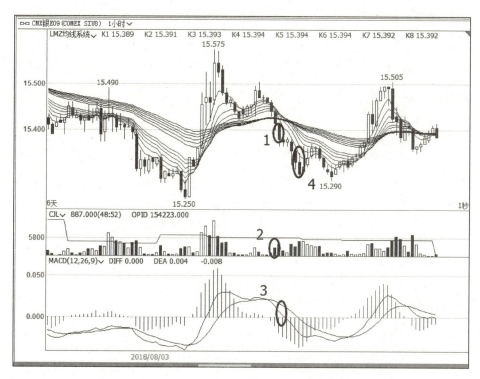

图22-5　美白银60分钟图

看图22-5，1处大阴线下穿所有均线，价格在所有均线之下，均线空头排列。2处大阴线放量，3处MACD线快慢线下穿0轴，符合做空条件。因此，在1处的第二根K线逢高在15.390做空单1手，止损设在大阴线的开盘价15.405。

建仓之后，美白银价格开始下跌，没有破止损，但是下跌的力度不大，当再次有一根阴线打下来的时候，要做好盈利保护，保证这一笔交易不赔钱，设好保本线（除手续费还要赚一点）。保本线设在15.350。这时持仓心理会非常放松。因为，很明显这一笔交易不会赔钱了。接下来没有继续下跌，开始反弹了。在15.350止盈线被打掉，这次操作结束。

盈亏计算：（15.390 – 15.350）×1000/5×25×1 = 200 美元，除去手续费 40 美元，盈利 160 美元。

操作小结：以止损 75 美元的代价，获得了 160 美元的利润，做到了小赚，操作成功。

③第三次操作（8 月 8 日）

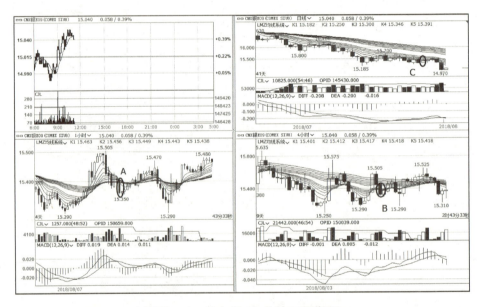

图 22 - 6　美白银 60 分钟三周期图

操作分析：

从图 22 - 6 中，我们可以看出，在 A、B、C 三处，美白银的价格在 60 分钟、4 小时和日线图中都在两组均线之下，均线向下，空头趋势，并且是空头强势。三周期趋势一致，看大做小，符合做空条件。只要在 60 分钟周期符合开空的条件，就可建仓空单。由于 60 分钟图形太小，我们把 60 分钟的图形放大，如图 22 - 7。

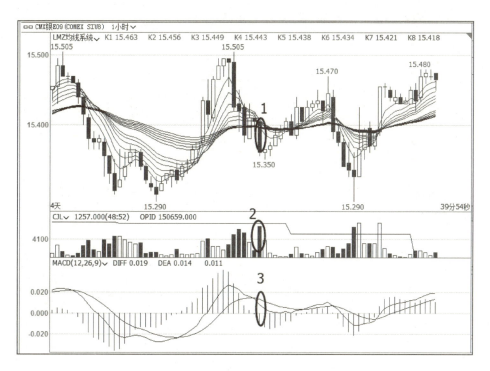

图 22 - 7　美白银 60 分钟图

看图 22 - 7，1 处大阴线下穿所有均线，价格在所有均线之下，均线空头排列。2 处大阴线放量，3 处 MACD 线快慢线下穿 0 轴，符合做空条件。因此，在 1 处的第二根 K 线逢高在 15.360 做空单 1 手，止损设在大阴线的开盘价 15.400。

建仓之后，美白银价格没有下跌，开始反弹，并且反弹的力度还比较大，连续出现了五根阳线，直接打掉止损，这次操作失败。

盈亏计算：（15.360 - 15.400）× 1000/5 × 25 × 1 = - 200 美元，加上手续费 40 美元，共亏损 240 美元。

操作小结：以止损 200 美元的代价，加上手续费 40 美元，共损失 240 美元，做到了小赔，没有出现大赔。

④第四次操作（从8月11日至8月14日）

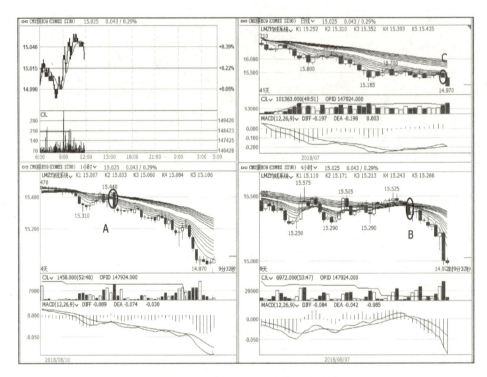

图 22 – 8　美白银 60 分钟三周期图

操作分析：

从图 22 – 8 中，我们可以看出，在 A、B、C 三处，美白银的价格在 60 分钟、4 小时和日线图中都在两组均线之下，均线向下，空头趋势，并且是空头强势。三周期趋势一致，看大做小，符合做空条件。只要在 60 分钟周期符合开空的条件，就可以建仓空单。由于 60 分钟图形太小，我们把 60 分钟的图形放大，如图 22 – 9。

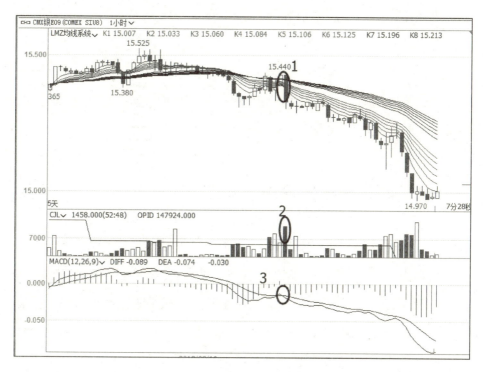

图 22 - 9　美白银 60 分钟图

看图 22 - 9，1 处大阴线下穿所有均线，价格在所有均线之下，均线空头排列。2 处大阴线放量，3 处 MACD 线在 0 轴之下死叉，符合标准的做空条件。因此，在 1 处的第二根 K 线逢高在 15.335 做空单 1 手，止损设在大阴线的开盘价 15.420。

建仓之后，美白银价格开始下跌，没有破止损，继续持有空单。经过一段时间的振荡之后，美白银以大阴线的形式下跌，并且有了一定的盈利，现在要把止损线下移，做好盈利保护。把止盈线设在大阴线的开盘价，这样只要行情下跌，不容易被止盈。结果在 8 月 13 日晚上，美白银以三根大阴线的形式下跌，获得了大幅利润，目前持有空单，让利润奔跑。同时采用移动止盈的方法，时刻保护好利润。

盈亏计算：（15.335 − 15.040）× 1000/5 × 25 × 1 = 1475 美元，除去手续费 40 美元，盈利 1435 美元。

操作小结：以止损 450 美元的代价，获得了 1435 美元的利润，做到了大赚，操作成功，但是我们又发现了一个问题，如果这一单被止损，损失 500 美元，止损有点大。

三、60 分钟三周期交易操作总结

（1）2018 年 8 月 1 日至 8 月 15 日，半个月时间，总共操作四次，第一次大赚 735 美元，第二次赚 160 美元，第三次亏损 240 美元，第四次大赚 1435 美元。总共四次操作，一次小赚，一次小赔，两次大赚，没有一次大赔，最终盈利为 735 + 160 − 240 + 1435 = 2090 美元。

（2）这个交易结果验证了：三周期交易系统，不但在 15 分钟周期有效，在 60 分钟周期仍然有效。再次提醒：**只要你在交易中做到小赚 + 小赔 + 大赚 + 绝不大赔，就一定可以实现稳定盈利。**

（3）15 分钟三周期交易与 60 分钟三周期比较：

①15 分钟三周期交易：交易次数多，资金利用高（小资金就可以操作），止损小。最大的不足就是要盯盘，容易被止损，对于没有时间盯盘的，这个方法不太适合。

②60 分钟三周期交易：交易次数变少，止损变大，持仓的时间长，资金要求变大，胜率提高了，赚钱的效率提高了，不需要时时盯盘。但是对交易心态有更高的要求，没有良好的持仓心态，想拿住单子难度很大。

期货警句

你并不是在市场中交易，你是在根据自己对市场的信念进行交易。

本讲投资建议

◆ 60 分钟三周期交易系统采用多周期共振，看大做小。

◆ 三周期趋势一致开仓，在 60 分钟找进出点。

◆ 60 分钟三周期交易系统，可以做到小赚 + 小赔 + 大赚 + 绝不大赔。

◆ 60 分钟三周期交易系统的优点：成功率高了，交易次数少了，持仓时间长了，赚钱的效率提高了。

◆ 60 分钟三周期交易系统的缺点：止损变大了，资金量要求提高了，持仓的难度加大了。

交易感悟

　　绝大多数交易者都不如市场有耐心，市场会尽一切可能把大部分交易者气疯，只要有人逆势而为，市场的趋势就会一直持续。

第二十三讲　**4 小时三周期交易**

上一讲介绍了 60 分钟三周期交易，由于 60 分钟还是属于较小周期，对于有工作、没有时间盯盘的投资者，使用起来还是不方便，为此我开发出适合没有时间盯盘的投资者的交易系统：**4 小时三周期交易系统**。

4 小时三周期交易，周期变大了，采用 4 小时、日线和周线三个交易周期，一旦三周期出现共振，趋势的稳定性更好，交易的次数就更少了，一个月也就 2~3 次，并且不需要时时盯盘，只需在 4 小时快出现建仓点时，去看一下行情就可以了。从概率的角度看，周期越大，趋势越稳定，成功率会更高。本讲中我用 4 小时三周期交易系统，来演示在交易过程中，如何做到小赚、小赔、大赚和绝不大赔，从而实现盈利。

一、4 小时三周期交易系统要求

（1）采用三周期交易，主要用 4 小时、日线和周线三个周期。一旦周线和日线的趋势一致，成功的概率会非常高。

（2）交易系统采用我的两组均线系统。

（3）三周期趋势一致，看大做小，在 4 小时找符合开仓标准的开仓点开仓，不在其他周期开仓。

（4）止盈止损也是在 4 小时周期。

（5）开仓、平仓标准大家可以参看**本书第四讲的内容**。

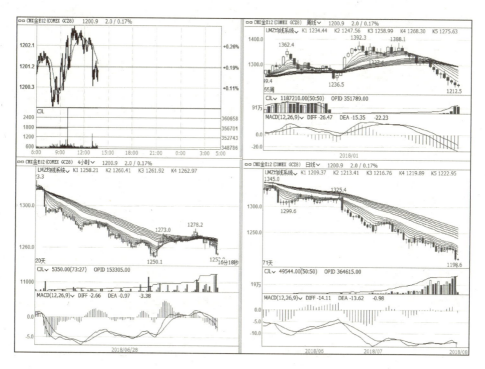

图 23 - 1 4 小时三周期交易系统

我们看图 23 - 1，右上角的周线图中价格在两组均线之下，是空的趋势，且空头强势。右下角是日线图，价格在两组均线之下运行，均线趋势向下，是标准的空头强势。左下角是 4 小时图，与日线和周线趋势一样，都是空头强势，现在没有建仓机会，如果想做空，只能等 4 小时出现做空标准时，才可以做空单。

二、美黄金4小时三周期交易讲解

（1）操作日期从 2018 年 6 月 15 日到 8 月 15 日。

（2）每次建仓只做 1 手，占用保证金是 692 美元，手续费 40 美元，每波动0.1点是10美元，以此为标准进行计算。

（3）操作过程：

①第一次操作（从6月15日至7月4日）

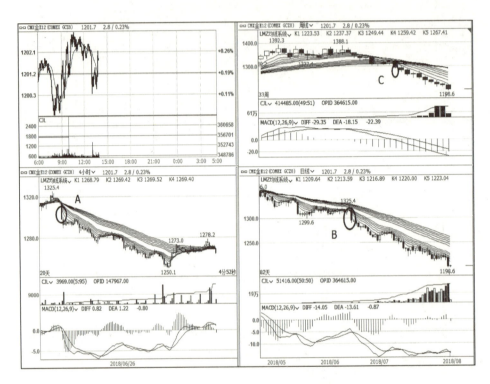

图23-2　美黄金4小时三周期

操作分析：

从图23-2中，我们可以看出，在A、B、C三处，美黄金的价格在4小时、日线和周线图中都在两组均线之下，均线向下，空头趋势，并且是空头强势。三周期趋势一致，看大做小，符合做空条件。只要在4小时周期符合开空的条件，就可以建仓空单。由于4小时图形太小，我们把4小时的图形放大，如图23-3。

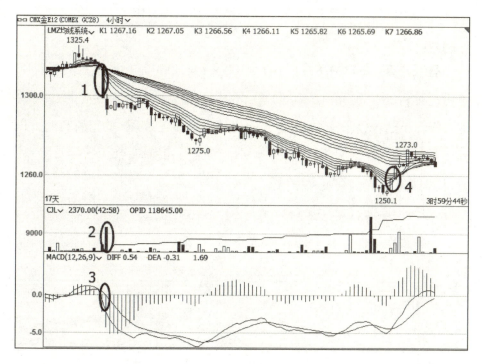

图 23 - 3　美黄金 4 小时图

看图 23 - 3，1 处大阴线下穿所有均线，价格在所有均线之下，均线空头排列。2 处大阴线放量，3 处 MACD 快慢线下穿 0 轴，符合做空条件。因此，在 1 处的第二根 K 线逢高在 1299.8 做空单 1 手，止损设在大阴线的开盘价 1314。

建仓之后，美黄金价格开始下跌，没有破止损，价格在振荡下行，并且有了一定的盈利。首先做好盈利保护，保证这一笔交易不赔钱。然后就安心持有空单，让利润奔跑。是 4 小时周期，当你设好止盈保护之后，要做的就是持有仓位，让行情尽情去发挥，只要不破止盈，就要一直持有，这个过程一定要做好移动止盈。直到 7 月 4 日，黄金价格开始大幅反弹，我把止盈设在短期均线组的上沿，什么时候上穿，什么时候止盈。终于在7月4日1261处，止盈线被打掉，操作结束。本次操作非常成功。

盈亏计算：（1299.8－1261）×100×1＝3880美元，除去手续费40美元，盈利3840美元。

操作小结：以止损1420美元的代价，获得了3840美元的利润，做到了大赚，操作成功，但由于是4小时周期，止损非常大，一旦做错，要付出1460美元的损失，你能承受吗？

②第二次操作（从7月10日至7月20日）

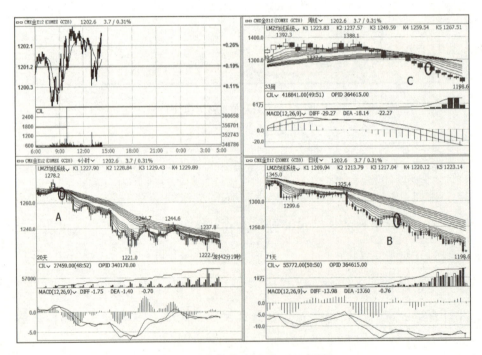

图23-4　美黄金4小时三周期

操作分析：

从图23-4中，我们可以看出，在A、B、C三处，美黄金的价格在

4 小时、日线和周线图中都在两组均线之下，均线向下，空头趋势，并且是空头强势。三周期趋势一致，看大做小，符合做空条件。只要在 4 小时周期符合开空的条件就可以建仓空单。由于 4 小时图形太小，我们把 4 小时的图形放大，如图 23－5。

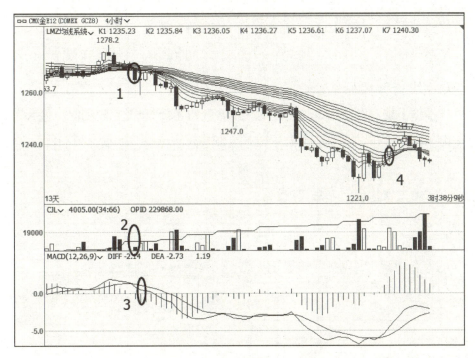

图 23－5　美黄金 4 小时图

　　看图 23－5，1 处大阴线下穿所有均线，价格在所有均线之下，均线空头排列。2 处大阴线放量，3 处 MACD 快慢线下穿 0 轴，符合做空条件。因此，在 1 处的第二根 K 线逢高在 1267 做空单 1 手，止损设在大阴线的开盘价 1270。

　　建仓之后，美黄金价格先是反弹，然后开始下跌。止损并没有被打掉，经过一段时间的振荡下行，并且有了一定的盈利。首先做好盈利保护，保证这一笔交易不赔钱。然后就安心持有空单，让利润奔跑。由于是 4 小时周期，当你设好止盈保护之后，要做的就是持有仓位，让行情尽情去发挥。只要不破止盈，就要一直持有，这个过程一定做好移动止盈。直到 7 月 20 日，黄金的价格开始大幅反弹，我把止盈设在短期均线组的上沿，什么时候上穿，什么时候止盈。终于在 7 月 20 日在 1237 处，止盈线被打掉，操作结束。本次操作非常成功。

盈亏计算：（1267 – 1237）× 100 × 1 = 3000 美元，除去手续费 40 美元，盈利 2960 美元。

操作小结：以止损 300 美元的代价，获得了 2960 美元的利润，做到了大赚，操作成功。这一次止损比较小，盈亏比比较大，是最理想的操作。

③第三次操作（7 月 27 日）

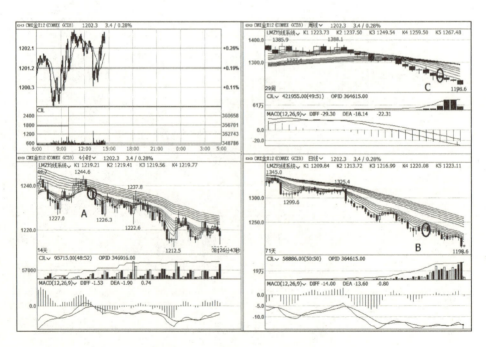

图 23 - 6　美黄金 4 小时三周期

操作分析：

从图 23 – 6 中，我们可以看出，在 A、B、C 三处，美黄金的价格在 4 小时、日线和周线图中都在两组均线之下，均线向下，空头趋势，并且是空头强势。三周期趋势一致，看大做小，符合做空条件。只要在 4 小时周期符合开空的条件就可以建仓空单。由于 4 小时图形太小，我们把 4 小时的图形放大，如图 23 – 7。

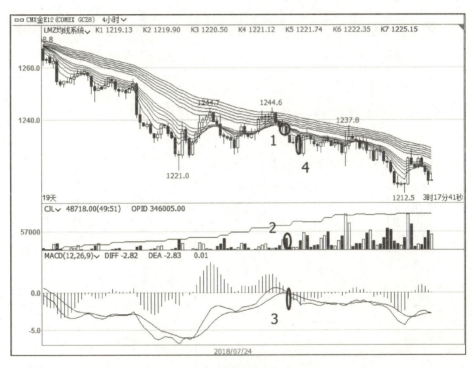

图 23 – 7　美黄金 4 小时图

看图 23 – 7，1 处大阴线下穿所有均线，价格在所有均线之下，均线空头排列。2 处大阴线放量，3 处 MACD 快慢线在 0 轴之下死叉，符合做空条件。因此，在 1 处的第二根 K 线逢高在 1235 做空单 1 手，止损设在大阴线的开盘价1237.5。

建仓之后，美黄金价格开始下跌，并且很快拉出一根大阴线，由于黄金是长期下跌，因此在大阴线的开盘价做好止盈保护，也就是4处1232。设好止盈之后，黄金没有再继续下跌，而是开始反弹，并且出现一根大阳线，在1232处止盈。本次操作结束。

盈亏计算： （1235 – 1232）× 100 × 1 = 200 美元，除去手续费40美元，盈利160美元。

操作小结： 以止损250美元的代价，获得了160美元的利润，做到了小赚，操作成功，由于及时做了盈利保护，而没有把赚钱变成赔钱。

④第二次操作（从8月13日至8月15日）

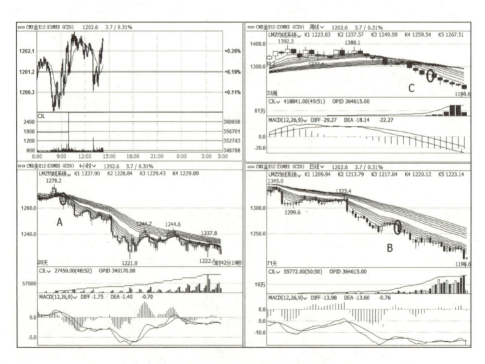

图 23 – 8　美黄金4小时三周期

操作分析:

从图23-8中,我们可以看出,在A、B、C三处,美黄金的价格在4小时、日线和周线图中都在两组均线之下,均线向下,空头趋势,并且是空头强势。三周期趋势一致,看大做小,符合做空条件。只要在4小时周期符合开空的条件就可以建仓空单。由于4小时图形太小,我们把4小时的图形放大,如图23-9。

图23-9 美黄金4小时图

看图23-9,1处大阴线下穿所有均线,价格在所有均线之下,均线空头排列。2处大阴线成交量与前一根相近,有所放大。3处MACD快慢线在0轴之下死叉,符合做空条件。因此,在1处的第二根K线逢高在1216.6做空单1手,止损设在大阴线的开盘价1218.2。

建仓之后，美黄金价格就开始一路下跌，止损并没有被打掉，并且连续拉出三根大阴线，此时做好盈利保护。从现在来看操作是成功的，目前有一定幅度的盈利，以现在的价格进行盈利计算。

盈亏计算： (1216.6 − 1202.1) × 100 × 1 = 1450 美元，除去手续费40美元，盈利1410美元。

操作小结： 以止损160美元的代价，获得了1410美元的利润，做到了大赚，操作成功，这一次止损比较小，盈亏比比较大。

三、4小时三周期交易操作总结

(1) 2018年6月15日至8月15日，2个月的时间，总共操作四次，第一次大赚3840美元，第二次大赚2960美元，第三次小赚160美元，第四次大赚1410美元。总共有四次操作，三次大赚，一次小赚，没有赔钱，最终盈利3840 + 2960 + 160 + 1410 = 8370美元。

(2) 这个交易结果验证了：三周期交易系统，不但在15分钟周期有效，在60分钟周期仍然有效，而在4小时周期更有效。再次提醒：只要你在交易中做到小赚 + 小赔 + 大赚 + 绝不大赔，就一定可以实现稳定盈利。

(3) 4小时三周期交易总结：

4小时三周期交易与15分钟三周期交易、60分钟三周期交易相比，对资金量的要求要大得多，并且持仓时间一般都是10～20天，或者更长。这对投资者的持仓信心是极大的考验，特别是面对大幅波动时，挑资者能否受得了。

期货警句

无论做哪种K线周期，跟中长期均线对抗都是死路。

4 小时交易周期更大的优势在于，它的成功率高，趋势稳定，交易次数少，两个月才交易 4 次。要想在交易中取得成功，必须降低交易次数，提高成功率。

最大的优势是适合上班的人员，不用去盯盘，盈亏比大，对于一般的投资者，用这个系统更容易赚钱。

4 小时交易系统最大的不足就是，有时止损大，对资金量要求大，所以一定要在 20% 以下小仓位操作，切不可重仓操作。

本讲投资建议

◆ 4 小时三周期交易系统采用多周期共振，看大做小交易。

◆ 三周期趋势一致开仓，在 4 小时找进出点。

◆ 4 小时三周期交易系统，可以做到小赚 + 小赔 + 大赚 + 绝不大赔。

◆ 4 小时三周期交易系统的优点：成功率高，交易次数少，持仓时间长，赚钱的效率提高了，不用盯盘，适合上班没有时间看盘的投资者。

◆ 4 小时三周期交易系统的缺点：止损大，资金量大，持仓难度大。

交易感悟

绝大多数交易者都不如市场有耐心，市场会尽一切可能把大部分交易者气疯，只要有人逆势而为，市场的趋势就会一直持续。